Elke Friedrich

WIE GEHT FREIHEIT?

Biographie und Heilung

Die Gedanken sind frei

Wer kann sie erraten?

Sie fliehen vorbei

Wie nächtliche Schatten;

Kein Mensch kann sie wissen,

Kein Kerker verschließen

Wer weiß, was es sei?

Die Gedanken sind frei.

Deutsches Volkslied

© 2020 Elke Friedrich
Umschlaggestaltung, Illustration: tredition GmbH
Verlag und Druck: tredition GmbH, Halenreie 40-44, 22359 Hamburg
ISBN Taschenbuch: 978-3-7497-2148-1 (Paperback)
ISBN Hardcover: 978-3-7497-2149-8 (Hardcover)
ISBN e-Book: 978-3-7497-2150-4 (e-Book)

WIE GEHT FREIHEIT? - Ich habe meinen PLATZ gefunden ...

Wenn ich mich heute umsehe, lassen mir sowohl meine Wohnung als auch meine Arbeit genügend Freiraum, um meine Ideen umzusetzen. Es war an der Zeit die Heilerin in mir zu leben. Schritt für Schritt habe ich mir einen Rahmen geschaffen, der es mir ermöglicht, mich ganz zu leben. Nun darf ich Menschen einladen, die mir wohl gesonnen sind und die ich wiederum auf ihrem Weg begleiten und unterstützen möchte. Für mich geht es im Leben darum, die sogenannte „Geistige Welt" mit der Materie zu verbinden. Geist beseelt Materie. In Liebe, Freude und Leichtigkeit aus dem Herzen heraus zu leben, im Mitgefühl für sich selbst und andere. Das ist das neue Goldene Zeitalter! Lebe es jetzt, im Hier und Jetzt!

UND ES BLEIBET DABEI - DIE GEDANKEN SIND FREI!

Inhaltsverzeichnis

Geboren und aufgewachsen bin ich in der ehemaligen DDR. Ich bin in der Großfamilie aufgewachsen, und wir haben zusammen auf dem Feld gearbeitet. Meine Tante Elsie, eine wissende weise Frau, hat uns Kinder früh gelehrt, was es braucht, um mit der Natur und den Tieren im Einklang zu sein. Wir waren oft draußen in den Wiesen des Umlandes. Die Bäckerei, die meinem Opa gehörte, war der Mittelpunkt der kleinen Stadt, in der wir wohnten. Alle Leute kamen dorthin und als Kinder waren wir gut in die Gemeinschaft eingebunden. Alle waren freundlich und nett zu uns. Als ich eingeschult wurde, sind wir von der Oberstadt in die Unterstadt gezogen, in das Haus meines Vaters. Statt der Natur und des Freiseins kam nun also das enge Korsett der Schule: Still sitzen und zuhören. Doch ich konnte gar nichts mit dem anfangen, was mir dort erklärt wurde. Ich erzählte von den Devas oder den Elfen, die im Wald wohnten, und dass ich mit ihnen sprechen und mit ihnen spielen wollte – ich dachte, die anderen Kinder in der Schule, die könnten das auch. Denn für mich war es ganz normal, mit den Bäumen zu singen, mit den Vögeln zu sprechen und dem Wind zuzuhören. Für mich war das selbstverständlich, doch die anderen lachten mich aus. Für alle meine Cousinen und Cousins war es auch normal gewesen, wenn wir zusammen auf dem Feld waren – beim Kartoffeln hacken, Rüben hacken, Heu wenden. Wir haben mit und von der Natur gelebt. Wir haben gar nicht darüber gesprochen, es war alltäglich. Es hat zu unserem Leben dazugehört. Verbunden - Sein war selbstverständlich. Dazu gehörte auch, vor dem Schlachten mit den Tieren zu sprechen. Sie darauf vorzubereiten, damit sie nicht im Stress sterben würden. Dieses war für uns der normale Kreislauf. Aus dem Getreide, das wir geerntet haben, daraus hat der Opa Brot gebacken. Und wir Kinder haben Semmeln geknetet, das hat dazugehört. Die Schule war für mich der völlige Einbruch all dessen, was mir bekannt und vertraut war. Die rauen

Worte der anderen Kinder, *ihre Ge*meinheiten, Zank und Lärm. All das tat mir weh und erschreckte mich. Immer wieder versuchte ich von den Kobolden und Elfen im Wald und auf den Wiesen zu erzählen und wollte die Kinder mitnehmen in meine Welt, doch sie konnten die Wesen nicht wahrnehmen - und wieder haben sie mich ausgelacht. Ich begann meiner Mutter zu glauben, die schon immer gesagt hatte: „Was du da siehst, du bist ja spinnert! Das kann nicht sein, das gibt es nicht!" Da hat sich meine Gabe zurückgebildet: Ich verschloss mich. Meine Tante Elsie, meine Vertraute, war inzwischen gestorben, sie war ja schon ein altes Fräulein gewesen. Für meine Mutter hatte der Umzug von der Oberstadt in die Unterstadt den sozialen Abstieg bedeutet. Es war ein Schlag für sie gewesen. Ich fühlte mich eingesperrt, isoliert, da ich nicht mehr raus durfte. Meine Mama war eine „hartherzige Frau", wie man so schön sagt. Sie war es immer schon gewesen, aber nun brach dieser Wesenszug noch stärker hervor. Entweder hat sie so getan, als wäre ich nicht da oder sie hat mich beschimpft und ausgelacht: „Ach du mit deinen Ideen!" Ich hatte zunehmend Angst vor ihr. Nicht unbegründet, wie sich später herausstellen sollte. Zu meinem Leidwesen kam meine Mutter jeden Tag in die Schule, um mir etwas zu essen zu bringen. Das tat sie nicht aus Liebe und Fürsorge, sondern um zu kontrollieren, ob ich auch da war. Und ich habe mich daran fett gefuttert. Alles hat sich gestaut. Ich war völlig lahmgelegt. Dafür wurde ich wieder ausgelacht und gehänselt. Schon immer, vor allem in dieser Phase meiner Kindheit, habe ich mich „fremd" gefühlt. Also habe ich mich noch mehr von den Menschen zurückgezogen. Früher war ich so oft wie möglich im Wald, auf den Wiesen oder am Wasser gewesen. Dort hatte ich mit den Bäumen gesprochen, ihnen meine Hände aufgelegt und sie haben mir Geschichten erzählt oder Lieder vorgesungen. Ich sah die kleinen Kobolde und ihre Behausungen und wir spielten zusammen. Unter Menschen hatte ich das Gefühl, nicht dazuzugehören. Und da war immer diese Sehnsucht, aber wonach?

Das hat lange angehalten. Alles war trist und karg. Und im Religionsunterricht kam der nächste Schock hinzu. Die Kantorin zeigte uns Bilder von Jesu, erzählte Geschichten. Plötzlich war ich bei den Geschehnissen dabei und habe mit Christus, seinen Jüngern und den Engeln gesprochen. Oft bin ich der Kantorin ins Wort gefallen und habe zu ihr gesagt: „Du hast gelogen, du hast die Geschichte ganz falsch erzählt". Das gab natürlich Ärger. Also habe ich mich klein gemacht, zog mich zurück und schwieg. Das einzig Gute in meiner kindlichen Welt war mein Papa, mit dem ich sehr verbunden war. Aber wenn wir gelacht haben, dann ging das für meine Mutter gar nicht. Lachen ging gar nicht, das war ganz schlimm: „Lachen, das ist gefährlich. Wer lacht - Diebe, Gauner und Verbrecher, alles böse Menschen, die dir was wollen!" So die Meinung meiner Mutter. Keiner durfte ins Haus, keiner durfte mich besuchen. Ich durfte auch keine Freundin mitbringen. Meine Mutter hat mich von der Schule abgeholt, danach musste ich Hausaufgaben machen und saß dann drinnen fest. Papa hatte sein eigenes Leben, der war Lokführer und oft unterwegs. Er war bei der Bahn. Mein Bruder hatte es einfacher mit meiner Mutter, der war drei Jahre jünger als ich und ihr Prinz. Obwohl auch er nicht lachen durfte. Aber wenn irgendwas war, dann war es immer ich. Nicht er. Ich war der Sündenbock für alles. Als kleines Kind hatte ich oft Ohrenschmerzen und Keuchhusten. In den Augen meiner Mutter hatte ich mir die Schmerzen natürlich nur ausgedacht, um sie zu ärgern. Ich wolle ihr nur Arbeit machen und Aufmerksamkeit haben, wie sie mir immer wieder erklärte. Zum Arzt ist sie mit mir nicht gegangen. Wenn ich die Schmerzen gar nicht mehr aushalten konnte, ist mein Papa mit mir zum Arzt gefahren, um mich untersuchen zu lassen. Mein Bruder und ich hatten auch sehr schlechte Zähne und oft Zahnschmerzen. Auch dafür hat sie uns ausgelacht und gemeint, das sei nicht so schlimm, das höre von selbst wieder auf. Grinsend hat sie uns dann erzählt, dass sie selbst als Kind vorm Zahnarzt Angst hatte und sich vor Behandlungen gedrückt hätte. Wir bräuchten das also auch nicht. Die Pubertät war schwierig für mich. In der Bibliothek war ich Dauergast. Bücher über Ufos, Außerirdische und Kornkreise habe ich nicht gelesen, sondern verschlungen. Wieder erlebte ich dieses tiefe Einfühlen: Plötzlich war ich zu „Gast" auf den Raumschiffen, habe verschiedene Galaxien besucht, bin durch Raum und Zeit gereist und habe mit den Wesen, die mir begegneten, über die Herzebene kommuniziert. Nur mit den Menschen hier auf Mutter Erde konnte ich nicht reden. Ich war immer noch einsam und sehr traurig. Wenn ich mit meinem Freund verabredet war, hat Mutter uns belauscht. Abends, wenn wir im Park waren, hat Mutter mich abgeholt oder sogar nach Hause geschickt und statt meiner dann mit ihm im Park gesessen. So war das. Als wir einmal zur Kirmes sind, von der Schule aus, da kam sie halb neun mit ihrem Fahrrad an und hat mich vor allen Leuten angebrüllt, beschimpft und heimgeschickt. Ich musste nach Hause und sie hat mit ihnen gesprochen und nett getan. Dafür habe ich mich geschämt. Und nicht nur das Verhalten meiner Mutter an sich hat mich tief verletzt. Hinzu kamen dann noch die "coolen" Sprüche meiner Mitschüler, die mich unschön aufzogen. Mein neuer Klassenlehrer bemerkte mein Talent zum Malen. Dreimal hat er bei meiner Mutter vorgesprochen, sie solle doch Ihr Einverständnis geben und mich auf die Kunstschule gehen lassen. Was hat Frau Mama gemacht? Sie hat den Mann beschimpft: „Ach die doch nicht, die braucht das nicht, die kann das sowieso nicht!" Ich habe mich klein, hässlich, unverstanden, unerwünscht und ungeliebt gefühlt. Und ich habe mich immer unsichtbarer gemacht. Die ständigen Sticheleien und immerwährenden Schikanen meiner Mutter haben uns allen das Leben schwer gemacht. Bei meinem Papa hat das zu Herzproblemen und -erkrankungen geführt. Er ist dann mehrmals zur Kur gefahren und hat dort eine liebenswerte Frau kennengelernt. Sie kam ihn besuchen und wollte mit ihm ein neues Leben beginnen. Natürlich gab es Diskussionen und

Auseinandersetzungen mit meiner Mutter. Ich war natürlich auf der Seite meines Papas und habe ihm gut zugeredet, den Schritt doch zu wagen. Damals war ich schon sechzehn. Meine Mutter ist total ausgerastet, natürlich war ich wieder der Sündenbock. Sie ist mir an die Kehle gesprungen und hat mich gewürgt, so dass ich keine Luft mehr bekam. „DU – du VIEH!", waren ihre Worte. Mein Papa hat daneben gestanden und geweint. Das war alles. Er konnte sich nicht durchsetzen gegen sie. Still weinte er in sich hinein – und alles war beim Alten. Er blieb bei ihr. Doch ich hatte das Gefühl, dadurch meinen Papa verloren zu haben. Ich konnte seine Entscheidung nicht verstehen. Mein Vater verschaffte mir schließlich eine Ausbildungsstelle bei der Bahn. So bekam ich endlich ein bisschen Luft. Es war das erste Mal, dass ich mich wieder etwas freier fühlte. Endlich war ich ein bisschen weiter weg, und Mutter konnte nicht jeden Tag kommen, um mich zu kontrollieren. Das erste Mal in meinem Leben seit dem Umzug ein bisschen Freiraum! Es fiel mir relativ leicht, Leute kennenzulernen, seit ich das Korsett los war, in das mich meine Mutter gezwängt hatte. Zuhause hatte sie alle abgewimmelt, die mich besuchen wollten. Ich erinnere mich noch daran, wie sie meinem Freund, dessen Moped vor unserem Haus gestanden hatte, den Schlüssel geklaut hatte. Seine Briefe an mich öffnete sie und fuhr uns mit dem Auto hinterher. Die drei Jahre Ausbildung waren also der erste echte Freiraum für mich. Sie konnte nichts mehr unterbinden. Ich war dann auch viel unterwegs und habe die Chance genutzt, Zugführerin zu werden. Das hat mir solchen Spaß gemacht! Ich bin umher gefahren mit dem Zug und habe mich total frei gefühlt. Frei - so frei wie wir im System der DDR halt sein konnten.

HEIRAT und EIGENE KINDER - ein FREIRAUM, der KEINER ist

Ich hätte auch nie aufgehört, bei der Bahn zu arbeiten. Aber dann habe ich unterwegs Herrn F. kennengelernt. Nein, mit Liebe hatte das nichts zu tun. Damals wohnte ich ja noch bei meiner Mutter und der Herr F. kam dann einfach mit dazu – für sie war der bestens. Ich hatte ihn mir ausgesucht, weil ich nicht auf dem Dorf hängen bleiben wollte. Ich dachte mir: „Nimmste dir einen aus der großen Stadt. Der hier hat das Potential, der nimmt es mit meiner Mama auf. Der schafft dir den Freiraum, den du gerne haben möchtest. Der macht das, der hat die Courage dazu!" Aber der Plan ging nach hinten los. Die beiden haben sich gut verstanden, und ich bin vom Regen in die Traufe gekommen. Ziemlich schnell, mit dreiundzwanzig, wurde ich schwanger und wir sind ausgezogen. Herr F. hat uns eine eigene Wohnung in der Kleinstadt besorgt, in der wir bereits wohnten. Ich habe das Kind bekommen – und der Vater war mal da, mal nicht. Meine Mutter kam täglich vorbei, um zu sehen, ob ich mit dem Kind ja auch alles richtig machen würde. Dadurch wurde für mich alles nur noch schlimmer. Die ständige Kontrolle meiner Mutter und die emotionalen Talfahrten in der Beziehung. Das Kind und ich hatten keine ruhige Minute. Zu meinem Schwiegervater hatte ich ein gutes Verhältnis. Er kam, um uns zu unterstützen und sprach auch mit seinem Sohn. Es kam die erste Heirat mit Herrn F. Die hat er sausen lassen. Er ist einfach nicht aufgetaucht. Das muss man sich vorstellen: Eine Kleinstadt, praktisch ein Dorf, alles schon bestellt, ein riesengroßer Polterabend im Weinlokal, hinten im Hof, richtig nett – aber wer kommt nicht? Der Bräutigam! Wir standen da, auch mein Schwiegervater, und waren vor den Kopf gestoßen. Was sollten wir machen? Wir haben gegessen und getrunken, was ging. Und er blieb verschwunden. Ein halbes Jahr lang war er verschollen, kam nicht wieder. Wir haben die Schlösser gewechselt. Ich dachte: „Das ist erledigt." Meine Mutter hat ihn ausfindig gemacht. Da ging alles wieder los. Ich habe gesagt: „Ich will das nicht!" Meine Mutter: „Aber er ist der Vater deines Kindes, das gehört sich so!" Schwupp, war er wieder in meinem Leben. Alles von vorne. Ein zweites Kind, dasselbe Trallala. Er wollte das zweite Kind nicht: „Wer weiß, ob das von mir ist!" Ich habe gesagt: „Ich werde noch verrückt. Dieser Schmerz, dieser Druck, diese Wut in mir und meine Ohnmacht im Außen." Er ist mit mir zur Klinik gefahren, zur Abtreibung. Als er weg war, eine Stunde später, bin ich wieder heim. Ohne Abtreibung. Er war nicht zu hause. Und ich habe das Kind bekommen. Meine Cousine zeterte: „Allein mit zwei Kindern, das ist ja Wahnsinn! Das macht man nicht. Das gehört sich nicht!" Meine Mutter sagte das Gleiche. Ich stand da mit meinen beiden kleinen Kindern und netten Ratschlägen von allen Seiten, doch keiner bot mir Hilfe an. „Ist ja alles nicht so schlimm.", hieß es. Ich habe nur noch funktioniert und meine Seele hat geweint. Das ständige Auf und Ab, das „Immer-wieder-verlassen-werden". Als die zweite Tochter ein Jahr alt war, hat dann doch die Heirat stattgefunden. Da war er wieder da. Ganz nett. Doch hatte es nichts mit Liebe und Vertrauen zu tun, sondern mit Geld. Wir heirateten wegen des Ehekredites. An dem Tag wusste ich: „Seine letzte Stunde hat geschlagen. Das dauert nicht lange, das geht nicht gut!" Ich wollte *einmal* Frau F. sein. Ich war die erste, die er geheiratet hat. Wir heirateten heimlich in einem anderen Ort. Nur er, ich und unsere erste Tochter. Selbst meine Mutter wusste nichts davon. Ich hatte uns ein Hotel ausgesucht. Nur ich wusste, wo es ist – und er wusste es nicht. Wir haben einen Spaziergang gemacht und ich habe ihn in der Nacht ausgesetzt und bin mit unserer Tochter allein ins Hotel. Das war es für ihn. So ging es ab dann immer. Ich habe mich nach allen Regeln der Kunst gerächt. Das hat er nicht lange mitgemacht, ein Jahr etwa. Nur noch sporadisch war er da. Meine Mama meinte, ich sei schuld an seinem Rückzug, weil ich den Mann nicht gut behandelt hätte. Das gehörte sich ja alles nicht! Zu dieser Zeit in meinem Leben hatte ich den Kontakt zu den Engeln noch nicht. Für mich war mein Verhalten der einzige Weg Herrn F. aus meinem Leben zu entfernen. Ich wollte mich aus dem Hamsterrad der immer wiederkehrenden Verletzungen befreien, das sich wiederholende „Verlassenwerden" beenden. Zahn um Zahn. Aus heutiger spiritueller Sicht weiß ich, dass Menschen in dein Leben treten, um ein Thema zu bearbeiten. Wird der Schmerz, das Leid zu groß sucht die Seele nach Wegen, das Muster zu beenden, es zu durchbrechen. Ein Weg der Lösung ist das Vergeben und Segnen sowie das Lösen der „Seelenverträge" Heute weiß ich: Jede Seele, jeder Mensch hat das Recht auf Freiheit, Liebe und Selbstbestimmung.

Wie eine Wende sich Bahn bricht

Meine beiden kleinen Kindern versorgte ich fortan also alleine. Da ich als Zugführerin bei der Bahn wegen des Schichtdienstes nicht mehr arbeiten konnte, blieb mir nur die Stelle in der Kleiderkammer. Für die Mädchen hieß es also früh morgens ab in die Krippe, für mich, Uniformen ausgeben. Nach der Arbeit holte ich meine Kinder wieder ab, ging einkaufen und besorgte den Haushalt. Herr F. blieb verschwunden und das war gut für uns alle. Meine Mutter mischte sich zwar weiterhin in unser Leben ein, kam täglich zur Kontrolle, doch durch die Arbeit kam ich zumindest auch mit anderen Menschen zusammen. Über meine persönliche Situation und Ängste habe ich mit niemanden gesprochen, nur versucht zu funktionieren: Essen, arbeiten, Kinder versorgen und schlafen. Aber das konnte es doch nicht gewesen sein? Was soll nur werden, wie soll es weitergehen? In mir brodelte es. Im Außen war gleichzeitig das System DDR am Ende. Für Butter musste man inzwischen anstehen, für Obst ja sowieso. Die Menschen waren unzufrieden, gingen auf die Straße. Die ersten Montagsdemonstrationen fanden statt. Da meine Kinder und ich im Grenzbereich wohnten, fanden vermehrt Kontrollen statt und die Armee war im Einsatz. Wir standen in der Kirche Hand in Hand mit fremden Menschen und dem Licht in der Hand. Auch ich. Keiner wusste, was passieren würde. Es ging das Gerücht um, die Lager seien schon fertig und es wäre nur eine Frage der Zeit, wann sie uns abholten. Wir standen da, im Licht der Kerzen und mit weichen Knien. Und die Stasi immer mit dabei. Nie wusste man, wer spionierte. Der „böse Klassenfeind", so sollten die Parolen uns weiß machen, wohl kaum. Wie sich später herausstellte waren es Menschen ganz aus der Nähe gewesen, selbst aus den eigenen Familien, die sich bereit erklärt hatten, für einen geringen Vorteil die anderen zu bespitzeln. Viele Bürger waren schon in die Botschaften abgehauen. Die gewaltfreien Demonstrationen nahmen zu. Die Menschen riefen: „Wir sind das Volk." Viel wurde berichtet im Fernsehen, aber niemand wusste so recht, was geschah. Immer mehr Züge fuhren die Menschen in die Freiheit. Die Bahnhöfe waren völlig überfüllt. In dem Kabuff, in dem ich arbeitete, hatte ich ein Radio und auf einmal hieß es: „Die Grenzen sind offen, man kann reisen!" Ich bin nach Hause gefahren und habe die Mädchen von der Krippe abgeholt. Ich habe schnell ein paar Sachen zusammengepackt, die Mädchen genommen und bin in den Westen gefahren. Die Situation war für uns alle so uneinschätzbar und unsicher, - schlimmer konnte es nicht kommen. Ich traute dem Frieden nicht. Diesmal wollte ich auf der anderen Seite sein, wenn der „CLUB der alten Männer" den Eisernen Vorhang womöglich wieder runter ließ. Nach Wochen, als die Situation sich zu beruhigen begann und es sicher schien, dass die Grenzen offen bleiben würden, bin ich mit den beiden Mädchen wieder zurück gereist.

WENDE ein WUNDER

Für mich war es ein Wunder. Es hat gebrodelt und gekocht im ganzen Land. Keiner hat mit diesem Ergebnis gerechnet oder es für möglich gehalten. So schnell, wie ein Domino - Effekt. Als hätte ein Bleimantel über allem gehangen, der sich einfach aufgelöst hat. Welchen Mut und welche Besonnenheit dies erfordert hat! Von allen miteinander. Von den Grenzern, der Bevölkerung und auch von den Machthabern. Hätte auch nur einer die Geduld oder die Nerven verloren, was wäre gewesen? Die Wende war die erste friedliche Revolution auf deutschem Boden. Alle sprachen von einem Wunder. Heute weiß ich, die größten Meister = Seelen = Lichtwesen müssen in der ehemaligen DDR inkarniert gewesen sein, in allen Gesellschaftsschichten und mit unterschiedlichen Funktionen. Sie haben das Feld mit ihrer Herzensliebe gestärkt und aufrechterhalten. ES war ein Wunder. Meine eigene Wende und mein ganz persönliches Wunder sollte noch stattfinden – plötzlich, unerwartet und sehr schmerzhaft.

Die KRANKHEIT MEINER TOCHTER - erste REISE mit den ENGELN

Nach der Wende zogen die Mädchen und ich in einen Neubau um. Unsere Wohnung befand sich im 4. Stock und es gab keinen Fahrstuhl. Für meine gehbehinderte Mama wurde es dadurch fast unmöglich, uns zu besuchen. So hatten wir endlich unsere Ruhe. Doch dann kam die Krankheit meiner Tochter als sie genau zehn Jahre alt war. Von jetzt auf gleich fiel sie ins Koma, obwohl sie ein normales Kind ohne Vorerkrankung war. Vielleicht waren der Zinnober mit meiner Mutter und der immer abwesende Papa ihr an die Nieren gegangen. Zu dieser Zeit gab es allerdings viele Menschen in der Region, die plötzlich krank geworden sind. Viele mit Nierenversagen und Krebs. Vor dieser Erkrankungswelle hatte es Versuche in den Bergen gegeben, Gebirgsschläge, Stollen sind eingestürzt bei denen bestimmte Stoffe freigesetzt worden waren. Das haben wir aber erst später herausgefunden. Bei meiner Tochter waren die Nieren die Schwachstelle im Körper. Erst das Familienkarma und dann war die zusätzliche Belastung der Luft hinzugekommen. Das hat sie wohl regelrecht „umgehauen". Da hatte ich gerade noch ein gesundes Kind und plötzlich lag es im Krankenhaus, im Koma. Sie musste reanimiert werden, insgesamt dreimal. Ich habe ihren Vater von der Intensivstation aus angerufen. Aber er sagte mir, dass er mit kranken Leuten nichts zu tun haben wolle. Und dass er schon immer gewusst habe, dass das Kind nicht alt werde. Meine Tochter blieb zwei Wochen im Klinikum. Dann wurde sie in eine Spezialklinik verlegt, die 200 km von unserem damaligen Wohnort entfernt lag. Mir wurde gesagt, dass es bei so kleinen Kindern besser wäre, wenn die Mutter dabei bliebe. Die Situation sei sehr ungewiss. Nun musste ich also meine andere Tochter irgendwo unterbringen, und ich habe sie meiner Mutter überlassen. Und dann saß ich fünf Wochen am Stück auf der Intensivstation. Niemanden kannte ich dort. Eine fremde Stadt, fremde Menschen – der Schmerz und die Angst und immer diese Ungewissheit. Die Klinik hat mir ein Zimmer besorgt im „Haus für krebskranke Kinder". Dort habe ich gewohnt. Sehr isoliert. *Ich saß ganz allein auf der Intensivstation in dieser fremden Stadt. Ganz allein mit dem Piepsen der Geräte. Nur ab und zu kam die Schwester, die an den Apparaten drehte. Ich saß dort im Stuhl und sprach mit meiner Tochter, habe ihr erzählt, was wir gemacht haben als sie noch klein war, wo ich mit ihr war, was sie gesehen hat. Die Schwester sagte: „Das können Sie lassen, das hört die sowieso nicht! Das stört nur!" Ich dachte: „Wenn Sie der Meinung sind, dann mag das so sein – für Sie!" Ich dagegen nahm etwas anderes wahr. Ich traute meinen Augen nicht. Ich sah wie meine Tochter aus dem Körper heraustrat, wie ein Geistwesen. Engel* kamen. *Erst haben sie versucht, ihr etwas einzuflößen, um Heilung herbeizuführen. Doch das wollte sie anscheinend nicht. Es gab ein längeres Hin - und Her. Dann ging sie mit den Engeln. Ihr Körper - nur die körperliche Hülle lag noch da. Das Geistwesen war mit den Engeln entschwunden. Allerdings erst nach längerem Hin - und Her." Wo will sie denn hin?" Ich sah es und wusste nicht, ob ich meiner Wahrnehmung trauen konnte, ob das „echt" war oder ob ich Halluzinationen hatte. Ich wusste nicht, was mit mir passierte. War es die Angst? Oder das Alleinsein? Ich konnte es nicht einordnen. Bei meinem nächsten Besuch an ihrem Bett fragte ich sie telepathisch: Was geschieht da?" Sie war wieder in ihrem Körper und gab zurück, dass sie mir das nicht sagen dürfe. Es sei ihre Angelegenheit, ich solle mich da raushalten. Es ginge mich nichts an. Bei einem weiteren Besuch nahm ich das gleiche Hin – und Her wahr. Da meine Tochter mir keine Auskunft gab, fasste ich allen Mut zusammen und habe den Engel gefragt: Ich würde gern mal wissen, wo ihr hingeht!?, Was? Du kannst mich sehen?, Ja. Da war sie wieder, meine Gabe - plötzlich und unerwartet und unter so schmerzlichen Bedingungen. Wie in den Tagen meiner Kindheit fühlte ich mich auf einmal wieder behütet und beschützt. Die Verbindung war wieder hergestellt! Und er hat mir geantwortet, er müsse erst fragen, ob es erlaubt sei, mir das mitzuteilen. Er würde mir aber Bescheid sagen. Ich solle mich ein bisschen in Geduld üben. Zwei Tage später sah ich ihn wieder und er sagte mir, das nächste Mal sei es gestattet. Ich könne mit auf die Reise gehen und sehen, wo die Verstorbenen hinkommen und was mit ihnen passiert. Er gab mir Anweisung gegen Abend wieder zu kommen, zwei Tage später, wenn der Klinik - Alltag etwas ruhe. Ich fragte die Schwester, ob ich meine Tochter auch einmal später besuchen könne, in der Nacht. Sie sah darin kein Problem, da man ja sowieso nicht wisse, wie die Sache verlaufen würde und die Situation nach wie vor kritisch sei. Sie sagte: „Wenn Sie da ganz ruhig sitzen, das stört ja niemanden!" Zur verabredeten Zeit kam der Engel und ich bin ihm gefolgt. Der Engel hat mich an die Hand genommen und ich habe meinen Körper verlassen. Ich schwebte, alles war leicht und frei. Von oben habe ich mich sitzen sehen. Als wenn ich eingeschlafen wäre, saß ich auf dem Stuhl. Meine Hülle saß da, den Kopf nach vorne geneigt. Dann begann die Reise mit dem Engel. Wir flogen durch eine Art Tunnel, einen Kanal hindurch. Schon nach kurzer Zeit kamen wir an einen Ort, an dem alles aussah wie in Milchglas getaucht. An den Seiten waren höhlenartige Vertiefungen mit Liegen, auf denen Körper lagen. Der Engel erklärte mir, dass dies der Ort sei, an den die Verstorbenen zuerst gebracht würden. Hier dürften sie sich von den Emotionen und den Verletzungen erholen, die sie während ihrer Inkarnation auf der Erde erlitten hatten. Das sei wie ein Heilschlaf. Auch in der Mitte des Raumes standen Liegen, und Körper lagen darauf. Engelwesen gingen von Liege zu Liege. Lichtstrahlen flossen aus ihnen heraus und umhüllten die Körper. Auf diese Weise würden die Erfahrungen, die die Seele während ihrer Inkarnation gemacht hatten, in das Seelenkleid eingewoben. Wie Diamanten, Perlen und Glitzersteine. So die Erklärung des Engels. Es waren auch Engelwesen da, die mit den Verstorbenen arbeiteten oder sie besangen. Der ganze Raum war in Licht getaucht und von sphärischen Klängen erfüllt. Alles flirrte und pulsierte und war von einer unglaublichen Liebe und einem tiefen Frieden durchwirkt. Alles strahlte in einer Heiligkeit, die sich kaum in Worte fassen lässt. Ich war von diesen Bildern tief berührt und bewegt. Kein Wunder, dass meine Tochter immer wieder an diesen Ort wollte. Jetzt konnte ich sie sehr gut verstehen und war auf eine tiefe Art und Weise beruhigt und beseelt. Wie schön, dachte ich. Und dann wollte ich von dem Engel gerne wissen, was nach dem Heilschlaf mit den dort Liegenden passiere. „Alles zu seiner Zeit!", sagte der Engel. Er hat mich dann ganz elegant zurückgebracht, und ich bin wieder in meinem Körper aufgewacht. Ich musste richtig schauen, wo ich war. Meine Tochter lag im Bett und schien selig zu* schlummern, ein sanftes Lächeln auf ihrem Gesicht. Ich bin dann in mein Zimmer zurückgegangen und habe tief und fest geschlafen. Ich brauchte zwei Tage, um zu sortieren, was da passiert war. Wie eine weite Reise kam es mir vor, eine Reise in eine andere Dimension – eine Astralreise. Meine Tochter wanderte schon länger zwischen den Welten hin - und her. Irgendwann habe ich zu ihr gesagt: „Du musst dich jetzt selbst entscheiden, auf welche Ebene du möchtest. Du allein triffst die Entscheidung, ohne mich. Ich fahre nach Hause zu deiner Schwester. Ich gehe mich ausruhen und etwas erholen, und wenn du dich entschieden hast, dann komme ich wieder. Ich weiß jetzt, wo du nach dem Tod hinkommen würdest und kann dich beruhigt und in Frieden loslassen. Die Seele stirbt ja nicht, sie geht nur woanders hin. Nichts geht verloren, es wandelt sich nur. Es ist der immer während der Kreislauf." „Ich weiß", sagte ich zu ihr, „dass wir uns immer wieder sehen werden. Die Entscheidung kann ich dir nicht abnehmen. Egal, für welche Ebene du dich entscheidest, ich unterstütze dich." Und wir werden uns ganz bestimmt wiedersehen, in welcher Welt auch immer.

Die ENTSCHEIDUNG meiner älteren TOCHTER

Am nächsten Morgen bin ich heimgefahren, mit der Bahn. Meine jüngere Tochter, die ich vor fünf Wochen zu meiner Mutter in Obhut hatte geben müssen, hatte ich während der Zeit in der Klinik nicht anrufen können. Sie war ja erst sieben und ein Handy gab es noch nicht, damals im Osten. Ich erkannte mein Kind kaum wieder. Total verdreckt war sie. Zuerst trat und schlug sie nach mir: „Geh weg! Ich will dich nicht wiedersehen! Ihr habt mich hier vergessen! Der Papa, du und die M, ihr seid in Urlaub gefahren. Ihr wollt mich nicht mehr haben! Du hast mich hier vergessen und holst mich nie wieder ab!" Ich sagte: „Hat dir die Oma nicht erklärt, wo wir sind?"

Mein Kind: „Nö! Ihr seid im Urlaub und habt mich hier vergessen! Ihr wollt mich nicht mehr!" Ich: „Komm, wir gehen erst mal zu uns nach Hause." Ich hatte in der Klinik Bescheid gegeben, dass ich für zwei Tage nach Hause fahren würde. Sie sollten mir Bescheid geben, falls es zu Ende ginge mit meiner älteren Tochter. Aber doch bitte alle Gerätschaften nicht abschalten. Kaum war ich eine Stunde zu Hause, da haben sie mich schon angerufen. Es sei jetzt soweit. „So", sagte ich zu meiner jüngeren Tochter, „zur Oma kannst du nicht mehr. Wohin willst du denn?" „Zur Patentante!" „Gut, dann fragen wir die mal." Sie: „Aber du kommst doch wieder, oder? Du holst mich doch wieder ab, Mama? Du vergisst mich doch nicht? Wo ist denn die M?" Ich: „Deine Schwester muss jetzt ganz viel schlafen. Und ich muss ihr helfen, damit sie wieder gesund wird." Sie: „Das glaube ich dir nicht!" Ich: „Weißt du was? Dann nehme ich dich mit, damit du siehst, was mit ihr ist. Damit du mir auch glaubst." Sie: „Ja, ich komme mit." So sind wir also zu zweit mit der Bahn ins 200 km entfernte Klinikum gefahren. Mittags kamen wir an. Die Schwestern sagten gleich: „Mit dem Kind können Sie aber nicht in die Intensivstation. Sie wissen doch, was passieren kann." Meine Antwort: „Was soll denn hier noch passieren?" Die beiden: „Da müssen wir erst den Oberarzt holen!" Ich: „Sie gehen jetzt da von der Tür weg und ich gehe mit meiner Tochter hinein. Und ich will von Ihnen niemanden sehen da drin. Selbst hier im Krankenhaus haben wir ein Recht auf Privatsphäre!" Dann sind wir beide, meine kleine Tochter und ich rein, in das Zimmer zu meiner älteren Tochter. Sie war wirklich weit weg. Sehr weit weg. Diesen Anblick werden ich nie vergessen. Ich schaute meiner älteren Tochter ins Gesicht. Wie eine Wachspuppe lag sie da. Die jüngere stand unten am Fußende und hatte die Hände auf dem Rücken verschränkt, wie ein alter Schullehrer. Ich ging zu ihr hin. Für einen Moment standen wir beide am Fußende nebeneinander. Dann ging sie einmal um das Bett herum, in dieser Haltung. Sie schaute genau hin. Oben am Kopfende blieb sie stehen und schaute ihrer Schwester ins Gesicht. Sie sprach: „Mama, du musst jetzt mal raus. Ich muss mit der M was besprechen." In dieser Haltung sagte sie das. Ich dachte: „Gut." Und sage zu ihr: „Aber du fasst hier nichts an, keine Kabel, keine Knöpfe. Auch wenn es piept, du darfst nichts anfassen. Auch wenn das Licht angeht nicht." Sie: „Mutti, du musst jetzt mal raus gehen. Ich muss mit der M was besprechen!" Ich ging also raus. Vor der Tür stand schon das ganze Geschwader. Der Oberarzt war mittlerweile auch eingetroffen. Er: „Das können Sie doch nicht machen, einfach da reingehen!" Ich: „Wenn Sie mich unterstützen wollen, holen Sie mir einen Kaffee und einen Stuhl, ich setze mich jetzt hier hin und warte." Für mich war ganz klar, die Kinder brauchen Zeit, allein ganz für sich. Keiner darf stören, und den Raum für eine Weile betreten. Eine der Schwestern: „Wenn was passiert!?" Ich: „Was soll denn noch passieren? Was soll denn jetzt noch passieren?" Und dann saß ich wie eine Matrona vor der Tür. Für mein Empfinden hat es ewig gedauert. Eine Schwester hat sich erbarmt und mir einen Kaffee geholt. Einen Kaffee und ein Wasser. Und wir haben gemeinsam gewartet. Ich hatte das Gefühl, eine Ewigkeit vor der Tür zu sitzen. Ich wusste nur eines: „Die dürfen da jetzt nicht rein!" Am Ende waren es vielleicht zehn Minuten. Die Tür ging auf. Meine jüngere Tochter kam heraus und sagte: „Alles in Ordnung. Du brauchst dir keine Sorgen machen! Ich habe mit ihr alles besprochen. Sie wacht bald auf. Du wirst sehen. Wir beide gehen jetzt in die Stadt, du kannst mir was kaufen." Ich: „Machen wir und wir fahren Straßenbahn." Vorher bin ich nochmal kurz rein ins Zimmer zu meiner älteren Tochter und habe sie mir angeschaut. Sie war vom Wesen her völlig verändert. Ein Lächeln lag auf dem Gesicht, als wenn sie tief und zufrieden schliefe. Ich dachte, dass sie jeden Moment aufwachen und sogar aufstehen würde. Ich lächelte sie an: „Schön, prima." Die Schwester neben mir sagte: „Wir können jetzt auch nichts mehr machen. Nur abwarten. In dieser Nacht wird es sich entscheiden." Ich gab ihr

Bescheid: „Wir gehen in die Stadt und kommen auf dem Rückweg noch mal vorbei und schauen nach ihr." Sie: „Ja, gut, wenn was ist, rufen wir Sie an!" Ich: „Was soll denn sein?!" Ich bin also mit meiner jüngeren Tochter in die Stadt und wir sind mit der Straßenbahn gefahren. Und als wir wieder auf dem Weg zur Klinik waren, sagte sie: „Brauchst jetzt gar nicht gucken, sie schläft jetzt. Morgen wacht sie wieder auf. Du wirst sehen. Sie wacht wieder auf!" Ich: „Ja, wir gucken nur mal ganz leise rein." Die Schwester wieder: „Wenn was ist, rufen wir Sie an!" Ich: „Sie brauchen mich nicht anrufen. Morgen früh sind wir wieder hier. Und wenn was ist, dann ist es so. In der Nacht wollen wir nicht gestört werden. Ich will mit meiner jüngeren Tochter auch einmal alleine sein." Früh sind wir dann aufgewacht. Ich bin richtig erschrocken, es war schon hell. Acht Uhr und niemand hatte angerufen. Wir sind also zur Klinik gegangen. Dort standen sie schon wieder alle vor der Tür. Ich erschrak und dachte: „Na prima", jetzt ist sie bestimmt gestorben, und keiner hat mir Bescheid gesagt. In mir immer diese Angst, sie sei weg und ich bin nicht dagewesen. Da kamen sie auch schon auf uns zu: „Was haben Sie denn mit dem Kind gemacht!? Sie ist total verändert. Es scheint, dass alles wieder in Ordnung kommt. Heute Nacht hat sie nochmal richtig Fieber gehabt, aber sie ist über den Berg!"„Ja", dachte ich, „gut, gut so!" Wenn alles stabil bliebe, könne sie sogar von der Intensivstation verlegt werden, hieß es. Alles war also wieder gut, dank der Hilfe meiner jüngeren Tochter. Die Entscheidung war getroffen, meine ältere Tochter war über den Berg. Ich weiß nicht, was die beiden Mädchen gemacht haben miteinander. Darüber haben wir nie gesprochen. Ich hatte zu diesem Zeitpunkt nur gewusst, dass ich den beiden Mädchen den Raum geben musste, damit sie ungestört miteinander sein konnten. Kinder haben da wohl einen ganz eigenen Zugang. Es war erstaunlich. Es war das erste „Heilungs – Wunder", das in unserem Leben stattgefunden hat. Ähnlich der friedlichen Wende der DDR, hervorgerufen durch die Macht der Besinnung und Ausrichtung auf die Herzensgüte und Nächstenliebe. Ja, meine Tochter war über den Berg. Meine Kinder hatten einander geholfen und sich beigestanden. Doch ein langer steiniger Weg für uns als Familie lag noch vor uns.

ANBINDUNG an die ENGEL - EBENE

Die Mädchen hatten schon immer eine gute Verbindung miteinander, obwohl sie vom Wesen her so unterschiedlich sind. Die ältere Tochter ist mehr im Fühlen und die jüngere war immer mehr im Verstand. Schon immer. Sie hat ihrer Schwester geholfen, die Entscheidung zu fällen, auf welcher Ebene sie sein wollte. Die Seele muss die Entscheidung selbst treffen, aber sie hat ihr die Entscheidungsfindung leichter gemacht. Sie hat ihr geholfen die dunklen Ebenen der Seelenlandschaft zu durchwandern und wieder in die irdische – in die materielle Ebene zurückzukehren. Durch das Hin - und Herwandern zwischen den Seins-Ebenen, sind meine Tochter und ich intensiv in die Anbindung mit den Engeln gekommen. Diese Anbindung ist langsam stabiler geworden, das wurde mir irgendwann bewusst. Dabei ist dann meine Gabe, die sich während der frühen Schulzeit geschlossen hatte, wieder erwacht. Sowohl meine Tochter und auch ich waren gut in Kontakt mit den Engeln. Wir konnten sie sehen und wahrnehmen. Ihr Engel stellte sich mit Namen vor. Angelo hat sie dann auch immer begleitet. Meine jüngere Tochter konnte ihn nicht wahrnehmen, aber sie hat uns intuitiv begleitet, auf einer anderen Ebene. Ohne die Gabe zu haben, die Engel zu sehen. Der Kontakt zwischen Angelo und meiner älteren Tochter war hergestellt und festigte sich immer weiter. Meine ältere Tochter und ich haben über Empathie kommuniziert, als sie im Koma lag. Ich habe mich in sie hinein – versetzt. In dieser Situation durfte ich dies tun. Ich habe meinen

Herzraum geöffnet und mit Liebe gefüllt und mich dann mit ihrem Herzraum verbunden und diesen auch mit Liebe gefüllt. Über den Herzraum – über das Mitgefühl - haben wir kommuniziert, ohne Worte. Die Quelle der Heilung und des Gewahrseins ist tief in jedem von uns vorhanden. Jeder kann diese Quelle in sich selbst entdecken und anderen dabei helfen, sie in sich selbst zu entfalten. Die Schwestern und die Ärzte wollten es nicht wahrhaben. Sie konnten oder wollten diese Ebene nicht wahrnehmen. Das war meine Enttäuschung, ja meine Verbitterung. Auch für mich war es am Anfang meiner „Erweckung = Bewusstwerdung nicht einfach diese Beiden Welten miteinander zu verbinden. Doch mein Vertrauen wurde gestärkt und geschult.

Der CHRISTUS - PLANET – der Planet auf dem das MITGEFÜHL und die LIEBE geschult werden

Nach meiner ersten Reise mit dem Engel hatte ich einen Wunsch frei, sozusagen einen Bonus. Ich wollte gerne zum „Christus – Planeten" reisen! Als Kind hatte ich Christus ja immer mit meinem dritten Auge gesehen. Der Tag kam und der Engel reiste mit mir zum „Christus – Planeten." Schon immer hatte ich mehr darüber wissen wollen: Wo „wohnte" der, mit dem ich mich so verbunden fühlte. Wir reisten durch Raum und Zeit. Mir wurde das Universum gezeigt, mit allen Sonnensystemen, die es gibt. Der „Christus Planet" ist ein Extra Planet da mittendrin. Seine Aufgabe ist, das Mitgefühl und die Liebe „zu schulen", zur Entfaltung zu bringen. Vom „Christus-Planeten" aus wird Mitgefühl und bedingungslose Liebe in das ganze System gespeist, und das Feld so gestärkt. Ich wurde von einem anderen Engel begrüßt. Er führte mich herum. Es war unbeschreiblich, was ich sah. Alles scheint dort aus kristallinem Licht zu sein. Lobgesänge, Düfte – es ist wie im Paradies. Das wahre Christentum hat ja mit der Kirche und den Konfessionen gar nichts zu tun. Es beruht auf dem Mitgefühl und auf der Liebe der Seelen. Darauf, dass diese Liebe ausgebaut wird. Es wurde mir gezeigt, wie das ganze System aufgebaut ist und welche Ebenen es darin gibt. Die unterschiedlichen Aufgaben der Engel und die verschiedensten Heilweisen wurden mir gezeigt und auch erklärt. Dann wurde ich in einen anderen Bereich geführt. Engel standen in einem Garten, eine „Prozession" fand statt. Christus ging vorbei. An einer besonderen Stelle blieb er stehen. Er hielt Audienz und ich wurde zu ihm geführt. Er sah mir direkt in die Augen und legte seine Hand auf meinen Herzbereich. Er berührte den göttlichen Funken in mir. Dieser begann zu leuchten wie ein Diamant. Mir wurde gezeigt, was der göttliche Funke für jeden einzelnen ist. Jede Seele, jedes Lebewesen besitzt einen göttlichen Funken, welcher im nicht sichtbaren physischen Körper verankert ist. Bedingungslose Liebe strömte in mich ein, erfüllte mich, hüllte mich ein. Ich ließ es einfach geschehen und genoss diesen Moment. Ein Gefühl von endlich zu Hause sein: IN MIR. Nach einer Weile wurde ich von dem Engel wieder zurückgebracht. Wir reisten durch Raum und Zeit und kamen wieder hier auf Mutter Erde in der Materie an. Durch diese Reise wurde mein Vertrauen in die geistige Welt und die Engelebene gefestigt und gestärkt. Diese tiefe Erfahrung war für mich wie eine Bestätigung. Ich dachte: „Es ist wirklich so!" Es ist eine Realität, die man mit bloßem Auge nicht wahrnehmen kann, die aber wirklich existiert. Welt in Welten. IN UNS. Genau das, was ich als Kind wahrgenommen hatte, die Präsenz von Christus, und der Verstand weiß, dass nichts vorgegaukelt war. Das war für mich wichtig, dass der Verstand mitgekommen ist. Es war wie ein Geschenk für mich. Tausend Ängste sind von mir abgefallen - ich fühlte mich behütet und geschützt und war sicher, mich jederzeit mit dem Zuhause verbinden zu können: Es kann mir nichts passieren, es ist das Zuhause meiner Seelenfamilie, mein Land! Daher diese Anbindung, etwas, das mich so sicher machte. Ich *durfte zu diesem „Planeten" reisen und etwas mit in mein Bewusstsein nehmen. Die Essenz aus dem, was ich dort gelernt habe, hat mich geführt und begleitet. Besonders während der Zeit als meine ältere Tochter im Koma lag. Die Verbundenheit aus den Kindertagen war wiederhergestellt. Jeder kann erwachen, denn in uns allen ist der göttliche Funken verborgen. Schon kurze Zeit danach fingen weitere „Schulungen", Lektionen durch die geistige Welt an. Wissen wurde mir zuteil, mir über die geistige Ebene vermittelt. So waren wir gut ausgestattet für unseren weiteren Weg.*

WACHKOMA und HEILUNG – Unser ALLTAG mit den ENGELN

Meine ältere Tochter hatte sich nun also entschieden, zu leben. Und die jüngere musste wieder nach Hause. Ich habe sie zu einer Freundin gebracht, die schon ein Telefon hatte. So konnten wir Kontakt halten und das war gut. Es hat dann noch einige Wochen gedauert, in denen meine ältere Tochter in einem Wachkoma lag. Alle Funktionen setzten nach und nach wieder ein. Aber sie hatte durch die Zeit im Koma auch schwere Kontrakturen. Die Muskeln am ganzen Körper waren zusammengezogen, und sie hat vor sich hin gejammert. Von Seiten der Klinik überlegten sie, wie sie meine Tochter ernähren sollten und welche Dialyseform geeignet wäre. Hämodialyse sagten sie, ging schon nicht mehr, weil die Gefäße einfach zu schwach waren durch die vielen Dialysen während des Komas. Und eine Magensonde zur Ernährung wollte ich nicht. Wenn, dann mit der Flasche! Bald wussten sie nicht mehr, was sie machen sollten mit dem Kind und sagten: „Sie ist austherapiert. Wir können nichts mehr tun!" Was für ein Begriff! Austherapiert. Und das einfach so in einem Nebensatz. Es war, als wenn mir jemand von jetzt auf gleich den Boden unter den Füßen weggezogen hätte. Meine Tochter lag im Wachkoma, sie hatte die Augen aufgemacht, aber nichts gesagt. Die Klinik machte den Vorschlag, dass ich sie ins Heim geben könnte. Ihr Zustand sei ja unzumutbar, hieß es. Da habe ich meine Cousine kommen lassen, sie ist Kinderkrankenschwester. Sie sagte: „Lass doch wenigstens noch ein MRT machen, in der Röhre. Da wird das Gehirn in Scheiben fotografiert und untersucht, um zu sehen, welche Areale zerstört sind." Darauf habe ich dann bestanden und es wurde gemacht. Ich war sogar mit in dem Raum. Die Schwester staunte: Das Gehirn ist völlig intakt. Es gibt keine Ausfallerscheinungen. Danach änderte sich der Wind. Auf einmal hieß es, wir könnten diese, diese, oder diese Therapie machen. Nächste Woche käme der Spezialarzt aus England, und wenn wir uns bereit erklären würden, könnten sie meine Tochter als Probandin nehmen für eine Bauchfelldialyse. Das wäre doch eine Möglichkeit. Die einzige Dialyseform, die es noch gäbe. Ansonsten käme nur noch das Heim in Frage. Das ist die Chance, die wir noch haben! Was für eine Wahl? Der nette Arzt aus England kam und sagte immerzu: „Oh, little Madame, can I help you?" Ich schlug ihm vor: „Wenn Sie den Schwestern diese Dialyse erklären, dann können Sie mir das ja auch beibringen. Dann lerne ich das auch und kann es machen. So nahm ich an den Schulungen teil." „No problem", sagte er. Ohne Krankentransport, weil alle Kosten, die über die Krankenkasse liefen, ausgereizt waren, habe ich meine Tochter dann nach Hause geholt. Mein Vater kam mit dem Auto, um uns abzuholen. Zwei Assistenten haben meine Tochter auf einer Privatdecke raus getragen und sie auf den Rücksitz des Wagens gelegt. So sind wir dann heimgefahren. Die Klinik war wohl einfach nur froh, uns los zu sein. Wie wir nach Hause kamen, darüber machte sich keiner Gedanken. Am 10. März, kurz nach ihrem Geburtstag war meine Tochter in die Klinik gekommen – und am Geburtstag ihrer Schwester, am 15. Juni, - wurde sie entlassen. Bei uns zu Hause haben die Leute von der Dialyse dann all die Anschlüsse gelegt, die wir brauchten. Wasser und so weiter. Und sie brachten alle Apparate, und das viele Zubehör wurde bestellt, was wir brauchten. Meine Tochter war inzwischen wach, sie hatte die Augen offen. Aber durch die Kontrakturen konnte sie sich nicht bewegen. Sie hatte sich wund gelegen. Mit der Klinik hatte ich abgesprochen, dass wir nicht alle vier Stunden dialysieren, sondern das in der Nacht machen. So war sie tagsüber frei davon! Ich habe jede Nacht mit ihr dialysiert. Zwei Jahre lang. Ich hatte mich krankschreiben lassen. Ich konnte ja in dieser Situation nicht arbeiten. Meine Tochter brauchte rund um die Uhr Betreuung. Wir hatten nun praktisch ein zehn Jahre altes Baby bei uns zu Hause. Für das Waschen und Drehen, hatte ich einen Pflegedienst bestellt. Die Hausärztin war informiert. Ich habe meine Tochter weiter mit der Flasche ernährt, mit einer ganz normalen Nuckelflasche. Im Liegen, denn sie konnte ja nicht sitzen, es war keine Muskelkraft mehr da. Meine Freundin kam täglich zur Physiotherapie, aus Freundschaft machte sie das, und mein Bruder musste meine Tochter hin - und her tragen. Ich konnte sie nicht heben, so viel Kraft hatte ich nicht. Sie war ja schwer mit ihren zehn Jahren. Wir haben dann einen Wagen bestellt, keinen Rollstuhl, sondern eine Art großen Kinderwagen, in dem sie gesessen hat. Wenn die Schwester zum Waschen kam, haben wir sie hinein gehoben und in die Stube gefahren. Wie ein zehn Jahre altes Baby lag sie da, konnte nicht mehr laufen, nicht mehr selbstständig essen, noch nicht einmal mehr richtig sitzen. Sie hat nur gejammert. Das Nette war, dass die Mädchen aus ihrer Schulklasse kamen und sie jeden Tag besucht haben. Sie haben ihr erzählt, was sie erlebten und für sie gesungen. Das hat ihr Kraft und Lebensmut gegeben. Spannend war auch die Situation mit dem Logopäden, der zu uns kam. Ich dachte mir gleich, dass das nicht lange gut gehen würde. Er meinte zu mir: „Es ist besser, wenn die Eltern nicht dabei sind. Bitte verlassen sie den Raum für unsere Gespräche!" Wir hatten einen riesengroßen alten Ohrensessel, da „hing" meine Tochter drin und hat ihn schon schief aus der Ferne angeguckt. Ich dachte: „Na, liebes Kind, der und du, mal sehen." Er begann damit, ihr Bildchen zu zeigen, Babybildchen. Sie hatte schon gleich die Zunge im Mund, als wollte sie sie rausstrecken. Und als er zur zweiten Sitzung kam, bellte sie ihn an: „Du Blödmann! Was soll ich denn mit den Dingern?" Ich hörte es bis in die Küche, in die ich mich zurückgezogen hatte. Er kam nie wieder. Von da an war es, als wenn auf einmal einer den Schalter umgelegt hätte. Plötzlich ging es los mit Sprechen. Am Anfang etwas undeutlich, aber es ging. Jeden Tag hatte sie Physiotherapie, jeden Tag Übungen. Innerhalb von einem Jahr hat meine Tochter wieder Laufen, Essen und Sprechen gelernt. Alles wieder neu. Es war ja alles verschwunden gewesen im Koma. Alles war wiederhergestellt. Die Kinderdialyse – Ärztin war sehr bemüht und hat uns vertraut. Da hat sich ein wirklich gutes Verhältnis eingestellt, wir haben richtig gut miteinander gearbeitet. Obwohl sie aufgeschlossen war, wollte sie allerdings nichts von den anderen Ebenen wissen, mit welchen wir nun zusammenarbeiteten und uns austauschten. Ich hätte gerne über meine Erlebnisse gesprochen, aber leider war das nicht möglich. Auch nicht mit der Psychologin, die mit meiner Tochter wegen der Traumata – Verarbeitung gesprochen hat.

ALLTAG mit den ENGELN – endlich wieder ZUHAUSE

Von dem Moment an, in dem meine Tochter im Wachkoma die Augen aufgemacht hat, haben wir die Verbindung zu den Engeln genutzt. Sie hatte sich für das Leben hier auf der Erde - in der Materie entschieden. Von diesem Augenblick an kommunizierten wir gemeinsam Empathisch mit einander und den Engeln. Sie und ich und die Engel. Die Engel haben ihr geholfen, in die Heilung zu kommen. Nur mit Schulmedizin alleine wäre das sicher auf diese

Weise nicht möglich gewesen. Sowohl als auch war wichtig. Schulmedizin und geistige Heilung zusammen, das hat sich in der Pflege bei uns zu Hause zu einem guten Teamwork entwickelt. Immer wieder habe ich mit den Engeln gesprochen, um herauszufinden, was als nächstes geschehen sollte, um darüber Klarheit zu gewinnen, welche Möglichkeiten uns offenstanden. Ich hätte das auch gerne öffentlich gemacht und mit der Ärztin oder der Psychologin besprochen, was ich da auf einer anderen Ebene „erfuhr". Aber ich bemerkte natürlich, dass sie damit überhaupt nichts zu tun haben wollten, dass sie damit überfordert waren. Sie haben uns aber toleriert und sich auf meine Tochter und mich eingelassen. Wir haben immer sehr bestimmt gesagt: Das möchten wir! Oder das möchten wir jetzt nicht mehr haben! Durch unsere Klarheit und Bestimmtheit und der Verbundenheit mit der geistigen Welt hat sich von Seiten der Schulmedizin uns und mir gegenüber ein Respekt entwickelt. Durch die Engel waren wir immer gut beschützt und behütet. Im Kontakt zu ihnen wussten sowohl meine Tochter als auch ich, was dran war. In unterschiedlichen Kooperationen traten sie auf. Der Schutzengel meiner Tochter Angelo war immer dabei. Nach ihrer Entlassung ist er auch mit uns nach Hause gefahren. Er saß dann auf unserem Sofa und hat sich breit gemacht. Die Engel gehörten dazu, meine Tochter und ich haben täglich mit ihnen besprochen, was als nächstes anstand. Das half uns. Ich hatte zwar die Führung, weil sie noch ein Kind war, aber diesen Weg in der Anbindung an die geistige Welt haben wir gemeinsam beschritten. Je mehr wir der Engelebene vertrauten und diesem Bewusstsein gefolgt sind, desto leichter und schneller ging die Heilung voran. Wir waren ein Team, Mittler zwischen der Schulmedizin und den Engeln. Mein Wunsch ist heute, das zu erzählen, es damit offiziell zu machen und diese gemeinsame Arbeit ehrlich offenzulegen. Damals ging das nicht. Selbst die Engel haben gesagt: „Wenn du das machst, wird es schwierig." Die Menschen waren zu diesem Zeitpunkt noch nicht bereit dafür. Wir waren noch im Prozess und weitere Störungen wollten - sollten wir uns ersparen. Und unser Weg in die Heilung und Freiheit war noch lange nicht zu ende. Wir haben uns entschieden, zu akzeptieren, wie es war. Es hatte sich ein gutes Vertrauensverhältnis zum Dialyse-Personal eingestellt, welches wir in regelmäßigen Abstand zur Kontrolle der Werte aufsuchten. Das war hilfreich und unterstützend. Wir wollten es nicht gefährden. Aber ohne die Hilfe der Engel und der geistigen Welt wäre diese Heilung nicht möglich gewesen. Da bin ich mir sicher und erzähle unsere Geschichte daher an dieser Stelle erst Heute. Für mich und meine Ängste gab es damals keinen Raum, keinen Platz, kein offenes menschliches Ohr. So blieb mir nur ins Vertrauen zu gehen - zu mir - und in die Kommunikation und den Austausch mit der „geistigen Welt", so wie ich sie in meinem Herzen erfuhr. Die Anbindung an diese Ebene, die in uns allen existiert, zu stärken und zu halten wurde zu meiner Lebensaufgabe.

ANLEITUNG KONTAKT zu den ENGELN herstellen

Suche Dir einen Platz an dem du für eine Weile ungestört sein kannst.

Bitte um Schutz für dich und deinen Platz, spüre ihn.

Zünde eine Kerze an, ein Räucherstäbchen oder eine Duftlampe.

Lege oder setze dich bequem hin, schließe die Augen und komm zur Ruhe.

Atme bewusst ein und aus, bis du dich sicher und geborgen fühlst. Nun gehe mit deiner Aufmerksamkeit in deinen Herzraum. Dort befindet sich dein Herzdiamant. Du atmest in deinen Herzdiamanten und dein göttlicher Funken beginnt zu leuchten. Du atmest ein und aus und dein Herzdiamant entfaltet sich zu einer Rose. Du atmest ein und aus und die Rose öffnet sich Blatt für Blatt. Nun lade deinen Engel ein sich mit dir zu verbinden. Spüre die Liebe, die Wärme, das Mitgefühl, den Frieden und die Freude. Genieße die Gegenwart deines Engels, bade in seiner Zärtlichkeit und in seiner Liebe. Nun frage deinen Engel nach seinem Namen. Bitte ihn laut oder leise darum. Warte geduldig auf seine Antwort. Lasse es geschehen. Bleibe in Kontakt mit deinen Gefühlen. Kannst du die Antwort nicht deutlich vernehmen, bitte deinen Engel um ein deutliches Zeichen.

Verweile so lange wie es für dich angenehm ist. Mit dem nächsten Atemzug schließe die Rose zu einer Knospe.

Bewege Arme und Beine, öffne deine Augen.

Bedanke dich bei dir selbst und danke deinem Engel.

Wenn du magst, schreibe dein Erleben auf. Vereinbare mit deinem Engel ein Zeichen für die nächste Kontaktaufnahme.

Bist du angefüllt mit Liebe und Frieden, dann herzlichen Glückwunsch! Du hast den Kontakt mit deinem Engel hergestellt. Mache diese Übung so oft es dir möglich ist und der Kontakt wird sich vertiefen.

Du kannst deinen Engel immer um Hilfe und Führung bitten und ihm Fragen stellen. Er wird dir antworten!

Eine unerwartete BEGEGNUNG

Während meine Tochter im Wachkoma in der Klinik lag, gab es einen Vorfall, der für mich besonders heftig war. Sie litt so sehr, dass sie Tremors hatte und jämmerlich schrie. In einem ganz hohen

Pfeifton, wie ein verletztes Tier. Sie konnte sich ja nicht mehr verbal äußern. Möglicherweise taten die Ärzte oder - und die Medikamente Dinge mit ihr, die sie nicht wollte, und sie konnte sich ja nicht wehren. Nur hören, was über sie gesprochen wurde. Wachkomapatienten hören. Sie kam immer wieder in das Körperbewusstsein zurück. Das Gehör ist der letzte Sinn, der sich zurückbildet. Sie hat also alles gehört, was die Schwestern und die Ärzte über sie sagten. Auch ich konnte nicht ständig an ihrem Bett, bei ihr sein. Da wir in einer Uniklinik waren, haben sie meine Tochter auch als Probantdin genutzt, als Fallstudie für die Studierenden. Die haben gestaunt und sich gefragt: „Wie kann das sein, dass sie ins Leben zurückgekehrt ist, obwohl sie dreimal reanimiert werden musste? Was ist da passiert?" Für mich war es erschreckend, wie meine Tochter vorgeführt wurde. Zuerst wusste ich davon nichts. Als ich es erfahren habe, sagte ich direkt: „Das möchte ich nicht mehr!" Und habe mich dagegen gewehrt. Da war es wieder, das Korsett, welchem du ausgesetzt bist, in dem du gefangen bist. Als meine Tochter wiederhergestellt war, sind wir regelmäßig in die Klinik gefahren zur Visite oder zum Überprüfen der Werte. Sie saß in ihrem Kinderwagen und konnte zu diesem Zeitpunkt ja auch schon wieder reden. Eine der Ärztinnen kam ganz freudestrahlend und überschwänglich auf meine Tochter zu und wollte sie drücken: „Ist aber schön, dich so zu sehen, dass es dir wieder gut geht!" Da sagte meine Tochter nur: „Du hast doch aber gesagt, ich bin klinisch tot!" Was war denn das?! Sie ist aufgestanden aus dem Wagen, schlug und trat nach ihr. Es war für mich ein regelrechtes Schockerlebnis. Ich dachte: „Kann man so mit Patienten umgehen? Ist das respektvoll? Gerade in der UNI, wo doch die Zusammenarbeit mit den Patienten im Vordergrund stehen sollte?" Die „Götter in Weiß" hatten sich zwar herabgelassen, mit meiner Tochter oder mit mir zu kommunizieren. Aber eigentlich war meine Tochter nur ein Fall für sie gewesen und allzu schnell „austherapiert."

TRANSPLANTATION

In Deutschland gibt es die Schulpflicht. Und kaum hatte sich die gesundheitliche Konstellation meiner Tochter einigermaßen gefestigt, musste sie wieder beschult werden. Da fehlten mir die Worte. Die nächste Förderschule war zwölf Kilometer von uns weg. Also haben wir jeden Tag den Krankentransport bestellt, zwei „Schnuckies" mit Tragetasche, die das Kind jeden Tag aus dem vierten Stock runter hievten. Dann kam der Fahrdienst und chauffierte sie zur Schule. Und ich musste wieder arbeiten. Wir wurden sofort wieder eingegliedert in den normalen Trott. In der Nacht haben wir dialysiert, und alle vier Wochen fuhren wir 200 Kilometer zur Kontrolle ihrer Werte. Danach entschied sich, ob das Dialyseprogramm verändert werden musste. Das ging gut anderthalb Jahre so. Plötzlich hat meine Tochter schlimm gefiebert. Es zeigte sich, dass Wasser im Bauchfell war und sich dadurch Pilze angesiedelt hatten. Das war lebensbedrohlich, es war eine Nebenwirkung von dem Dialysat. Man weiß nie, was sich in die Flüssigkeit rein mischt. Wir mussten in die Klinik, um den Bauchfellkatheder entfernen zu lassen. Es blieb uns nur noch die Hämodialyse. Zum Glück hatten sich ihre Gefäße inzwischen etwas erholt. Der Professor dort war total nett. Er sagte: „Wir haben uns überlegt, nachdem Sie und wir zusammen so gute Heilungserfolge erzielt haben, wollen wir sie weiter medizinisch unterstützen!" Meine Tochter und ich waren zwischendurch sogar im Fernsehen zu sehen gewesen, auf Betreiben der Dialysestation, um ihre guten Erfolge der Schulmedizin dort darzustellen. Damit sollten Gelder für die Kinderklinik akquiriert werden. Meine Tochter bekam einen Bonus für eine Notfalltransplantation. Sie war inzwischen so gut regeneriert, dass dies möglich schien. Ihre Konstitution war ja wiederhergestellt: sie konnte laufen, essen und sprechen, ganz normal und freihändig. Durch den Notfall hatte die Klinik sie für vier Wochen auf Hämodialyse umgestellt. Als sie diese nicht mehr vertrug, wurde wieder auf Bauchfelldialyse umgestellt. Der Pilz war rausgespült und so dialysierten wir wieder jede Nacht zuhause, wie vorher auch. Durch den Bonus erhielten wir einen Pieper als Notruf, der uns informieren sollte, sobald ein Spenderorgan bereitstehen würde. Meine jüngere Tochter hat uns immer geholfen, in der Materie das umzusetzen, was die Engelwelt uns sagte. Sie hatte einen anderen Part im Gesamtheilungsprozess als meine ältere Tochter und ich, viel pragmatischer. Dazu wären wir vielleicht emotional gar nicht in der Lage gewesen. Wir hatten also einen Pieper bekommen, wie Ärzte. Wenn das richtige Transplantat gefunden wäre, sollten wir darüber informiert werden und müssten mit der Klinik sofort Verbindung aufnehmen, um möglichst schnell vor Ort zu sein. Das gute Stück hatte ich fein säuberlich zuhause im Glasschrank deponiert. Eines Tages, zwei Wochen später etwa, wollten wir los in die Stadt, und meine kleine Tochter sagte: „Wo hast du denn das Ding, das piepsen soll? Nimm das mal mit, das brauchen wir bestimmt bald!" Freitag war es, der neunte Mai, ein schöner Tag. Wir wollten einkaufen gehen und dann die Oma besuchen. „Nimm mal das Ding mit, das piepsen soll!", sagte meine jüngere Tochter wieder. Ich : „Ja, nimm du es mit, du darfst auch drauf aufpassen!" Sie: „Ja, mach ich. Wir waren also einkaufen. Und nachmittags gingen wir zu meiner Mutter Kaffee trinken. Im Garten war der Tisch eingedeckt. Auf einmal rief meine kleine Tochter, die hatte ja die Oberaufsicht über das Gerät: „Mama, es piepst! Es hat sich bewegt!" Ich konnte es zunächst nicht glauben. Sie: „Doch, Mama! Es hat sich bewegt!" Ja, und dann ging es los. Was jetzt? Panik. Erstmal anrufen in der Klinik. Alle saßen draußen schon an der gedeckten Kaffeetafel. Freitagnachmittag – da passiert ja sowieso nichts mehr, hatte ich gedacht. Als ich in der Klinik anrief, war nur noch der Bereitschaftsarzt da. „Ja", sagte der, „ich gebe Sie weiter." Dann kamen die Instruktionen. In Hannover wäre jetzt die Niere bereit, wir sollten so schnell wie möglich dahin kommen. Tja,

Freitagnachmittag. Wir hatten kein Auto damals. Wie sollten wir dahin kommen? Der Arzt hatte eine Lösung. Ganz in unserer Nähe war ein neues Klinikum eingerichtet worden. Sie organisieren alles. Wir sollten ins Klinikum kommen und da stehe dann ein Hubschrauber bereit. Ich musste mich erst mal setzen und alles sacken lassen. Dann bin ich raus an den Kaffeetisch und hab gesagt: „Die Niere ist da, wir müssen jetzt los." „Nein! Ich will nicht dahin! Nicht ins Krankenhaus! Ich fahr da nicht hin! Ich will da nicht hin, ich mach das nicht." rief meine Tochter. Ich schwieg betroffen. Mit dieser Reaktion hatte ich nicht gerechnet. Wir nahmen uns kurz Bedenkzeit. Ich sagte: „Das bedeutet für dich, dass ein neues Leben los geht - ohne Dialyse. Ich komme mit, ich bleibe die ganze Zeit bei dir. Du bist dann wieder frei. Du hast ein neues Leben ohne Maschinen und Pillen vor dir. Alles wird dann gut!" Sie: „Ich will da nicht hin!" Die Angst und die Erinnerung an die Zeit im Krankenhaus standen ihr förmlich ins Gesicht geschrieben. Angelo schaltete sich ein, „Diesmal wird es anders sein, vertraue den Ärzten." hörten wir ihn sagen, „Und ich werde bei dir sein. Das ist deine Chance auf ein neues Leben." Meine Tochter zitterte am ganzen Leib. Sie setzte sich und schien zu überlegen. „Na gut, wenn du und Angelo bei mir seid, kann ja auch nichts passieren." Wir machten ein paar tiefe Atemzüge und ließen so unsere Angst los. Ich: „Ich verspreche dir, bei dir zu sein! Und auf dich auf zu passen. Jetzt müssen wir los unsere Sachen packen. Überleg dir gut, was wir mitnehmen wollen." Sie: „Na gut.", langsam erhob sie sich. Mein Vater hat uns mit seinem Auto nach Hause gebracht. Wir haben gepackt und sind direkt ins Klinikum gefahren. Der Hubschrauber stand schon bereit. Als wir endlich in der Luft waren genossen wir unseren First – Class - Flug sogar für den Moment. Über den Wolken muss die Freiheit wohl grenzenlos sein. Das war nett. Als wir dort im anderen Klinikum ankamen, war es schon Abend. In der Aufnahme war keiner mehr. Wir sind in die Dialyse-Abteilung, aber die wussten von nichts: „Gehen Sie mal runter in den OP – Bereich!" Wir fühlten uns alleine gelassen. Und sie erklärten uns den Weg. Meiner Tochter war inzwischen alles zu viel: „Ich kann nicht mehr, ich will das nicht! Ich hab so ne Angst." wimmerte sie. Ich riet ihr: „Meine Liebe, zentriere dich, bestelle dir Angelo. Ich bin bei dir – und wenn du aufwachst, bin ich auch da." Wir nahmen uns noch einen Moment Zeit, atmeten bewusst den Druck aus und baten die Geistige Welt um Hilfe und Unterstützung. Als wir im OP waren, kam ein Anästhesist. „Sie können mit dabei sein", sagte er. „Wir machen jetzt Ultraschall und dann geht das schon los. Alles ist vorbereitet, wir haben auf Sie gewartet." Als er den Ultraschall machte, sagt der: „Da stimmt irgendwas nicht, da ist Wasser im Bauch Ihrer Tochter." Ich sagte: „Ne, das ist kein Wasser, das ist Restflüssigkeit von dem Dialysat." Er: „Wir wissen aber nicht, wie wir das entfernen können. Und von der Dialyse ist keiner mehr da. Wer hat denn das gemacht?" Ich: „Ich war das, zu Hause." „Ja", meinte er, „dann sind Sie bestimmt auch in der Lage, das wieder rauszuholen." Ich: „Selbstverständlich. Geben Sie mir Mundschutz und Desinfektion, dann kann ich das gerne ablassen." Ich habe das sterile Kleidchen angezogen und einen Mundschutz und bin mit in den OP. Als er merkte, dass ich fachkundig damit umging, meinte er: „Das machen Sie aber super! Können Sie mir auch mal zeigen, wie das geht?" „Ist vielleicht grade nicht der richtige Moment." antwortete ich. Er: „Sie können gerne auch bei der Transplantation dabei sein!" Ich: „Ich vertraue Ihnen da. Dabei sein kann ich nicht." Dann fingen sie auch schon mit der Narkose an, mit der Anästhesie. Ich habe noch ganz kurz gesprochen mit meiner Tochter, die schon weg dämmerte – über die Herzebene. Ich habe ihr nochmal gesagt: „Bestelle dir Angelo und wenn du aufwachst, bin ich da." Dann war die Tür zu. Ich bin durch das Klinikum geirrt, bis zur Rezeption und habe irgendeinen Schlüssel bekommen. Ich bin durch die zahlreichen Flure gewandert, bis ich schließlich mein Zimmer fand - und es geschah etwas völlig Unerwartetes. Ich traf zufällig eine andere Mutter aus der Dialyse, die mit ihrem Sohn zur Untersuchung hier war. Das war meine Rettung. Alleine wäre ich vor Angst gestorben. Es war wirklich Fügung, sie zu treffen. Erst baten wir gemeinsam die Engel, dass alles gut geht, und dann tranken wir gemeinsam Rotwein. Irgendwann mitten in der Nacht hat dann das Telefon geklingelt. Ich dachte im ersten Moment: „Jetzt ist sie bestimmt gestorben, meine Tochter. Das will ich gerade nicht wissen. Ich bewege mich nicht mehr, ich bleibe hier sitzen. Wenn, dann reicht es, das morgen früh zu erfahren!" Das war mein erster Impuls: Wenn das Krankenhaus in der Nacht anruft, dann verheißt das nichts Gutes. Irgendwann wurde es hell, Samstag morgen. Da wusste ich: „Nun muss ich doch mal gucken. Aber wohin?" Zur Intensivstation führte mich mein Instinkt. Ich habe mir ein bisschen Wasser ins Gesicht gespritzt und bin sofort runter. Es war schon halb neun. Ich fragte nach meiner Tochter. Man sagte mir: „Ja, das Kind ist da. Aber Sie müssen warten!"„Oh", dachte ich wieder, „das klingt nicht gut". „Ja, Sie müssen noch einen Moment in der Schleuse sitzen." Eine gefühlte Ewigkeit saß ich da. Ich dachte: „Wenn sie mir das Kind nicht sofort zeigen, ist sie bestimmt gestorben." In mir drin war nur die Angst und immer der Gedanke: „Sie ist bestimmt tot." Fünf Minuten, zehn Minuten – dann kam endlich die Schwester und hat mir Kittel und Mundschutz gebracht: „Sie können jetzt rein gehen. Da hinten!" Ich bin dann ganz vorsichtig hingegangen und habe meine Tochter da liegen sehen. Zwischen den vielen Apparaturen, noch intubiert. Ihre eine Gesichtshälfte war voller Blut. Verkrustetes Blut. „Bingo", dachte ich, „jetzt ist sie tot." Ich fragte die Schwester: „Ist sie tot?" Sie: „Wie kommen Sie denn da drauf? Wir sind froh, dass alles gut gegangen ist. Es war schwierig einen Zugang zu legen, und wir haben noch keine Zeit gehabt sie zu waschen. Das war eine stressige Nacht. Aber sie wacht schon auf, sie macht schon die Augen auf. Gucken Sie mal!" Also bin ich wieder zu ihr hin und hab sie angesprochen: M ? J....aaaa, so ganz piepsig kam das. Sie hat erneut versucht, die Augen aufzumachen.

Über die Seelenebene, habe ich ganz leise mit ihr gesungen. „Sehen Sie", sagte die Schwester wieder, „sie macht die Augen auf – wollen Sie sie waschen?" Ich: „Ja, wenn Sie mir eine Schüssel geben, kann ich das machen." Sie: „Wir können auch gleich extubieren und die Beatmung wegnehmen." Durch das Waschen wurde all das Blut wieder hell. So viel Blut. Gefühlsmäßig knallte ich vom obersten Stockwerk in den Keller. Ohne Vorwarnung. Es war schrecklich für mich. Als das Gesicht endlich wieder frei war, hat sie die Augen aufgemacht und gesagt: „Mama, lies mir was vor!" Puhh, da kam ich wieder hoch geschossen aus der Kellerabteilung. So schnell kann das gehen. Es war eine emotionale Achterbahnfahrt, mit Loopings. Die Schwester ließ mich wissen: „Sie wird hier auch nicht lange bleiben. Dafür haben wir gar keinen Platz. Heute Nachmittag, da können Sie sicher schon hoch auf die Station. In den Glaskasten." Meine Tochter würde also in Quarantäne sein müssen. Ich sagte zu ihr: „Alles ist gut. Ich komme nachher wieder." Da ist sie ganz friedlich eingeschlafen. Ein richtiger Entspannungsschlaf. Ich habe mich draußen in den Park gesetzt. In mir vibrierte alles. Alles zitterte. Ich konnte das alles gar nicht richtig realisieren, war wie in Trance. Als wenn ich in weicher Watte säße. Ich habe mich gefragt: „Was ist wirklich? Was nun?" Zwei, drei Stunden habe ich einfach dagesessen, wie gelähmt. Irgendwann bin ich wieder auf mein Zimmer gegangen, habe geduscht und versucht, mich zu entspannen, ein Nickerchen zu machen. Später hat die Station angerufen und mir gesagt, wo ich meine Tochter finden würde. Ich könne direkt kommen. „Sie hat schon nach Ihnen gefragt!" So bin ich wieder herum geirrt, in diesem Klinikum, bis ich sie endlich gefunden habe. Plötzlich sah ich sie. Mit ihrem Bett in einem riesigen Glaskasten. Um sie herum viele, viele Maschinen. Ich durfte nur vermummt hinein. Alle zwei Stunden kam die Schwester und hat ihr Blut abgenommen. Ich habe meiner Tochter vorgelesen, denn sie wollte meine Stimme hören. Egal, was, einfach meine Stimme. Gegen Abend wurde es wieder unruhig. Irgendetwas stimme nicht. „Wir müssen später noch einmal spritzen", hieß es von den Schwestern. „Sie scheidet gar nicht aus." Ich merkte auch, dass irgendetwas nicht stimmte. Irgendetwas war. Meine Tochter klagte: „Es tut im Bauch so weh." Und ich habe es gefühlt und gedacht: „Oh, oh, der Bauch schwillt an. Ganz stark. Das ist nicht gut." Dann wurde es Nacht. Ich sagte zu der Schwester: „Können Sie sich das ansehen, bitte? Sie im Vorbeigehen: „Ne, ne, alles gut. Wir müssen nur nochmal spritzen. Die Niere ist noch nicht angesprungen." Der Bauch wurde immer dicker. Ich: „Können Sie nicht mal gucken?" Sie: „Ne, da brauchen wir nicht gucken. Ist alles in Ordnung!" Ich: „Ist denn kein Arzt da, der mal gucken kann?" Sie: „Ne, ist ja Wochenende. Da müssten wir extra einen Bereitschaftsarzt kommen lassen. Montag früh reicht." Ich dachte: „Wie bitte?" Irgendwann brauchte ich Schlaf. Ich war sehr erschöpft und bin auf mein Zimmer gegangen. Aber ich fand keine Ruhe. Sonntag früh um acht bin ich aufgestanden und gleich wieder zu meiner Tochter auf die Station. Von den Schwestern war keine zu sehen. Sonntagmorgen. Kein Arzt und nichts. Der Bauch meiner Tochter war – dick - wie ein Wasserbauch. Irgendwann habe ich es nicht mehr ausgehalten, bin aus dem Glaskasten gestürmt und habe eine Schwester gesucht. Ich sagte zu der Schwester: „Jetzt kommen Sie bitte mal her!" Ihr Gesicht sagte: „Sie schon wieder!" Ich: „Ja, ich schon wieder. Wenn jetzt nicht bald ein Arzt kommt, flippe ich aus. Gucken Sie sich den Bauch mal an!" Langsam, ganz langsam folgte sie mir. Sie betrachtete den Bauch meiner Tochter. Ihr Gesicht verfärbte sich langsam dunkelrot, dann kam Bewegung in sie. „Ja", sagte sie dann. „Der Bereitschaftsarzt kommt nachher. Wir müssen ihn anpiepsen, damit er kommt." Als er dann endlich da war, sagte der zu mir: „Wo kommen Sie denn her? Sie kommen doch von zu Hause?" Ich: „Nein, von der Transplantation. Das Kind ist seit gestern Abend hier. Gucken Sie sich das mal an!" Plötzlich ging alles ganz schnell. Meine Tochter musste sofort runter zur Not -

42

OP. Zehn Uhr war es vielleicht, oder elf. Sonntagmittag. Eine Not - OP. Ich habe noch kurz mit ihr gesprochen und die Engel gebeten, dass alles gut geht. Dann war sie auch schon weg. Ich bin runter in den Park und ein bisschen spazieren gegangen. Bei einem Ginsterbusch habe ich dagesessen und habe gedacht: „Wird schon werden." Ich habe mich mit den Engeln verbunden und mit meiner Tochter. Ich dachte: „Nicht angesprungen die Niere, das kann gar nicht sein." Irgendwann wurde es dunkel und ich bin wieder hoch auf die Station. Ich habe gedacht, irgendwann muss sie doch wieder da sein. Kaum war ich da, kam sie aus dem OP. Die Schwester sagte: „Gut, dass Sie da sind. Gucken Sie mal nach dem Kind, die spricht nicht mit uns." Ich: „Ja, wenn Sie mir das erlauben, gucke ich mal!" Immer, wenn eine neue Schwester kam, musste ich wieder raus aus dem Kasten. Im Kasten nur das Piepsen. Nichts sonst. Irgendwann war es Mitternacht. Da hat meine Tochter endlich die Augen aufgemacht. Ich: „Alles gut!?" Ganz kurz haben wir dann gesprochen, meine Tochter und ich. Ich fragte sie: „Was ist jetzt mit der Niere?" „Angelo hat gesagt, es ginge jetzt", wimmerte sie. Ich habe die Decke vorsichtig angehoben und den Bauch betastet, instinktiv. Erstmal abgecheckt, wie mit einem Scanner. Ja, konnte ich fühlen, es war gut. Aber irgendwas stimmte noch nicht ganz, etwas war blockiert. Also habe ich die Energiebahnen freigemacht. Mit einem Schwall war dann der Urinbeutel voll. Und von da an ging es gut. Die neue Niere funktionierte im Körper meiner Tochter. Wir beide haben uns erst mal richtig ausgeschlafen. Meine Tochter im Glaskasten und ich in meinem Zimmer. Langsam fielen die Anspannung und der Druck von uns ab. Als erstes haben meine Tochter und ich die Niere willkommen geheißen. Mit Anleitung durch die Engelwelt und Angelo integrierten wir die Niere energetisch ins Körpersystem meiner Tochter. Nach der ersten OP hatte die Niere zwar richtig gearbeitet, aber sie war nicht richtig an den Harnleiter angeschlossen gewesen. Dadurch war der Urin über 2 Tage in den

Bauchraum gelaufen und hatte dann das Nierenbecken zum Platzen gebracht. In der Not - OP mussten sie die Bauchdecke wieder aufmachen, nicht nur, um die Niere richtig anzuschließen, sondern auch, weil der Bauchraum durch den Urin verkeimt gewesen war. Zwei riesige halbmondförmige Narben - wie Traktorspuren - zieren den Bauch meiner Tochter seither. Sechs Wochen verbrachten wir im Klinikum. Jeden Tag in dem Glaskasten, wie in einem Käfig. Sie durfte ihn nicht verlassen. Und ständig die Blutabnahmen. Nach fünf Wochen war die geplante Quarantäne – Zeit fast um und meine Tochter durfte kurze Spaziergänge in den Park unternehmen. Mittlerweile hatten sie die Fäden am Bauch gezogen, aber ihr Fieber ging immer noch nicht runter. Trotz verschiedener Antibiotika-Therapien blieb die Temperatur oben. An einem Tag rief mich die Ärztin der Kinderdialyse an und verlangte nach mir. Ich durfte sogar ins Ärztezimmer zum Telefonieren, Handy ging ja nicht auf der Station. „Was ist denn da los?", fragte sie mich. „Ich kriege keine Infos mehr." „Hm", dachte ich, „das ist aber nicht so gut." Ich erkläre ihr: „Meine Tochter hat Fieber und das geht nicht runter. Können Sie uns hier rausholen?" „Gut", sagte sie. „Ich schaue, was wir machen können und rufe Sie wieder an." Irgendwann war wieder Freitagnachmittag. Immer diese Freitagnachmittage. Die Ärztin untersuchte meine Tochter gerade, als die Schwester hereinkam. „Die Dialysestation hat angerufen", sagte sie in schnippischen Ton. „Sie bitten darum, dass das Kind verlegt wird, zurück zur Kinderdialyse. Sie waren ja nicht bereit, mit uns zu kooperieren. Wir können hier nichts mehr für Sie tun!" Noch nicht mal die Ärztin hat mir das mitgeteilt, sondern die rangletzte Schwesternschülerin. Ich sagte: „Prima! Und wie sollen wir dahin kommen?" Sie: „Das ist Ihr Problem! Da müssen Sie sich drum kümmern." Ich: „Ist ja nett. Wie wäre es mit Krankentransport? Erst sechs Wochen Quarantäne,- und jetzt können wir einfach gehen!?" Sie: „Ja, Sie können gehen. Wir schauen noch die Werte an, und dann können

Sie gehen!" Ich bin runter zum Münzautomaten und habe mit dem letzten Geld die Kinderdialyseärztin angerufen. „Ja, gut", sagte sie. „Dann kommen Sie morgen hierher! Nehmen Sie ein Taxi! Über die Dialyse können Sie den Taxischein für die Krankenkasse später nachreichen. Lassen Sie sich eine Quittung geben." Ich bat sie, meiner Tochter und mir wenigstens eine Nacht zu Hause zu gönnen. Wenn sie das hier überlebt hatte, sechs Wochen lang, dann würde sie nicht gleich sterben. Nicht zu Hause. „Ist gut, ist gut", sagte sie. „Dann kommen Sie Montag früh! Kommen Sie gleich auf die Station. Und machen Sie keine Sachen! Wenn irgendwas ist, telefonieren wir!" Ich habe versucht ein Taxi zu bestellen. Auf der Station hatten sie mir widerwillig eine Visitenkarte überreicht. Ich rief also die Taxizentrale an und sagte: „Ist ne weite Fahrt! Abgerechnet wird über die Krankenkasse." Da war er beruhigt. Dann rief ich zu Hause an und sagte: „Ihr könnt schon mal alles vorbereiten, wir kommen heute Abend!" „Was, heute Abend?!"Ich lachte: „Lasst Euch mal was einfallen!" Ich hatte damals ein französisches Bett, ein rundes. Und alles im vierten Stock. „Kann die M denn laufen?", hieß es. Ich sagte: „Ja. Und heute Nacht sind wir irgendwann da." Eine Freundin und meine Cousine rief ich ebenfalls an. Sie hatten sich abwechselnd um meine jüngere Tochter gekümmert. Erst war sie bei meiner Freundin, dann bei meiner Cousine untergebracht gewesen. Reihum, so wie jede Zeit hatte. Auf keinen Fall wieder bei der Oma, das war Bedingung gewesen. Ich hatte sie ja nicht mitnehmen können. Um Mitternacht kamen wir mit dem Taxi zu Hause an. Wir waren eingestiegen, beide mit Mundschutz. Denn diesen hatte man uns aus der Klinik mitgegeben, für jede von uns einen. Das muss man sich vorstellen! Nach sechs Wochen Quarantäne mit dem Taxi nach Hause! Mir fehlten die Worte. Uns vorzuwerfen, wir seien nicht zur Kooperation bereit gewesen! Samstag kamen alle zu uns, die ganze Verwandtschaft kam. Meine Tochter saß im französischen Bett, mit Nutella-Brot. Endlich mal wieder Nutella-

Brot. Meine Tochter saß im Bett und hat sich hofieren lassen. Es war für sie wie eine große Party, ein Fest. Das Fieber war zwar durch Medikamenten unterdrückt, aber wir wussten ja, dass irgendwo noch Keime in ihrem Körper stecken mussten. Die Engel rieten uns, unbedingt Hilfe in Anspruch zu nehmen. Dazu sollten wir in die Klinik. Irgendein spezielles Mittel müsste noch gefunden werden. Montag früh fuhren wir wie verabredet in die Kinderklinik, mein Vater hat uns hingebracht. Das war ein Hallo auf der Kinderdialyse. „M, grüß dich hallo! Du hier?" Sie blieb für zwei Wochen dort. Innerhalb kurzer Zeit ging das Fieber runter. Nach vierzehn Tagen war alles gut und meine Tochter wurde entlassen. Da war es schon Juli und die großen Ferien kamen.

Die GEISTIGE WELT spricht – TRANSPLANTATION

Laut Schulmedizin muss ein Patient für klinisch tot erklärt werden, für Hirntot, bevor eine Organentnahme stattfinden darf. Aber auch Organe haben ein Bewusstsein, ein Zellbewusstsein. Und meistens ist es so, dass der Körper mit der Organentnahme „ausgeschlachtet" wird, während die Seele auf feinstofflicher Ebene noch anwesend ist. Die Seele hat den Körper zu dem Zeitpunkt noch nicht vollständig verlassen. Die vier Körper, die es in der energetischen Betrachtung des Menschen gibt, sind auch noch verbunden miteinander. Es existiert noch ein Bewusstsein und dieses fühlt den Schmerz. Jedes Organ hat ein Zellgedächtnis, in dem alle Informationen des Körpers enthalten sind und auch alle Emotionen. Nun kann man natürlich mit den Organen „sprechen", und sie über eine geplante Transplantation informieren, sowohl den Spender und auch den Empfänger. Es gibt zwischen dem Spender und dem Empfänger auch auf höherer Ebene eine Absprache. Bevor die Seele durch die Schleier des Vergessens in ihre Inkarnation und in die Materie geht läuft das ab. Dort werden entsprechende Verabredungen getroffen, um eine andere Seele auf ihrem Lebensweg und in ihrem Prozess zu unterstützen. Wenn es Teamwork zwischen der Schulmedizin und geistigen Heilern geben würde, dann könnte man auf der Zellebene *klar sehen, welche Absprachen es gibt und ob beide Systeme zur Kooperation bereit sind. Auch die Familienebene müsste abgefragt und aufgestellt werden. Die Schulmedizin könnte dann mit ihrem Handwerk direkt an dieser Stelle einsetzen. Das wäre aus einem vertieften Blickwinkel optimal und zum Wohle aller. Das würde auch Querelen mit den Gesetzen verhindern und kein Mensch müsste je einen anderen verklagen, da im Vorfeld alle Ebenen mit einbezogen sind. Wenn es zur Transplantation kommt, könnte diese Information über die geistige Kommunikation an die Zellebene weitergeben werden und beiden Körpersystemen ankündigen: „Es kommt jetzt etwas Neues und wir schauen, wie wir das gut in Dein System integrieren können!" Davon sind wir heute noch weit entfernt und es kommt zu viel unerklärbaren Unfrieden. Diesen Prozess führt die Schulmedizin nicht über die Zellebene, sondern mit Hilfe von Medikamenten. Dazu werden Immundepressiva benutzt, die das eigene Immunsystem des Empfängers lahmlegen, damit das Organ angenommen werden kann. Da die konventionelle Medizin nicht den Code kennt, um die Zellen zu informieren und das passende Organ zu integrieren wird das Immunsystem im Moment einer Transplantation unterdrückt und das neue Organ auf Teufel komm raus angeschlossen. Dabei ist es manchmal einfach nicht kompatibel, obwohl die Blutgruppe passt. Das liegt daran, das die Zellebene nicht stimmt und irgendeine Information fehlt, um das Organ ins fremde System zu integrieren. Für meine Tochter haben wir diese Information während des Helikopterfluges abgefragt. Wir waren ja vorbereitet auf die Transplantation. Wir hatten über die geistige Ebene das Organ bestellt, das für ihr System geeignet ist und ihr ein neues Leben gibt. Das hatten wir als Bitte an die geistige*

Welt geschickt. So wurde auch der Spender informiert und es erfolgte eine Absprache auf geistiger Ebene. Gleichzeitig haben wir den Körper informiert, dass jetzt ein neues Organ kommt, was nun zu meiner Tochter gehört und in ihren Körper integriert werden soll. Und wir haben das Organ willkommen geheißen und gebeten, sich zu integrieren. Meine Tochter und ich haben das über die Zellebene gemacht, das Ärzteteam hat das während der OP dann physisch realisiert. Dabei hat irgendetwas nicht richtig funktioniert, das Organ ist nicht korrekt angeschlossen worden. Unsere geistige Arbeit des Integrierens und Informierens haben wir auch während der Wochen in der Quarantäne fortgesetzt. Meine Tochter hat viel mit der Niere gesprochen, sie hat ihr auch einen Namen gegeben. Ihre neue Niere hieß Willi. Wir haben Willi willkommen geheißen, in ihr System hinein. Immer wieder haben wir die Engel gefragt, speziell Angelo, was wir machen können, um den Prozess zu unterstützen. Eigentlich hat uns die Schulmedizin den Weg zu dieser Zeit mehr verbaut, als den Prozess zu unterstützen. Die starken Medikamente haben das System meiner Tochter eher erschlagen, als ihm zu helfen. Das Immunsystem, ihr Körper, wehrte sich gegen all die Medikamente. Die größte Arbeit auf energetischer Ebene war, das System zu harmonisieren und die Medikamente zu neutralisieren, damit das Organ überhaupt angenommen werden konnte. Damit es überhaupt in den neuen Körper integriert werden konnte. Dadurch wurde es ein Kampf. Es war kein Miteinander. So musste zusätzlich auch dieses Feld durch die geistige Welt ausgeglichen werden. Meine Ansichten und Einstellungen waren in dem Moment nicht kompatibel mit der Schulmedizin. Wir konnten dort auch nicht offen meditieren, sondern mussten das immer unter einem Deckmäntelchen machen. Das war und ist von der Schulmedizin nicht erwünscht. „Was machen Sie mit dem Kind, wenn Sie da sprechen?", hieß es dann. Ich bin überzeugt: Würde die Schulmedizin ihr System mit der „geistigen Welt" verbinden, gingen die Heilungsprozesse harmonischer vonstatten. Dann wäre alles viel einfacher, man könnte auf Immundepressiva ganz verzichten oder sie wirklich nur unterstützend einsetzen. Es ist wohl noch ein weiter Weg, bis das, was eigentlich nicht in Worte zu „fassen" ist, die tieferen Dimensionen des Bewusstseins – hier mit einbezogen werden können. Es ist ein „Wandel", der sich insgesamt vollzieht – der denen, die dort nicht sind, Angst macht. Ich habe einige Versuche gemacht, die Zusammenhänge mit der Kinderdialyseärztin zu besprechen. Die bemerkte ja, wie die Werte besser wurden, und konnte sich das nicht erklären. Aber sie war nicht offen dafür, diese neuen Informationen in ihr schulmedizinisches System und Denken zu integrieren. Die Mediziner waren aus meiner Sicht oft auch mehr mit Problemen der rechtlichen Seite beschäftigt, als mit der Zusammenarbeit an sich. Eine Klage von den Angehörigen des Spenders nahm in unserem Fall mehr Raum ein als die eigentliche Heilung und Integration des Organs. Ich habe mich oft gefragt: „Auf welcher Ebene läuft das alles hier eigentlich hauptsächlich ab? Für mich hätte es einen anderen Fokus gebraucht. Und ich habe die „geistige Welt" direkt gefragt: „Wollen wir unsere Kooperation nicht offenlegen? Damit dieses Wissen vielleicht sogar Eingang in die Lehrpläne finden kann? Daraus lässt sich ja lernen. Es könnte auf den Stationen zur Zusammenarbeit zwischen Ärzten und Heilern führen, dazu, dass sie als Team mit je spezifischen Aufgabenfeldern zusammenarbeiten!?" Aber die geistige Welt sagte immer wieder: Halt dich da lieber zurück! Mach das so, wie du es machst! Dafür ist das System der Schulmedizin noch nicht offen und bereit. Es würde euren Weg nur erschweren. Die Zeit ist noch nicht reif! Nachdem meine ältere Tochter und ich wieder zu Hause waren, konnten wir den Heilungsprozess mit Hilfe der geistigen Welt steuern und regulieren. Wir haben „Angelo" gebeten, uns Informationen über die passende Dosis zu geben. Und tatsächlich: „Je weiter die Dosis reduziert wurde desto besser wurden die Werte meiner Tochter." Das stellte die Ärzte wieder vor

Rätsel. Sie baten mich regelmäßig zum Gespräch: Der Spiegel der Immundepressiva im Körper musste ja stimmen! Die hatten immer Angst, dass der Körper das Organ - die Niere abstoßen würde, wenn die Dosis weiter gesenkt wird. Aber das passierte nicht. Wir hatten die Niere über eine andere Ebene schon so gut integriert, dass die Medikamente mehr schadeten als halfen. Wir haben Kontakt aufgenommen sowohl mit dem System meiner Tochter als auch mit der Spenderniere und direkt Antwort vom Organ bekommen, was es brauchte. Gleichzeitig arbeiteten wir mit einer Heilpraktikerin zusammen. *Aus Gründen von Erpressungsgefahr werden Spender in Deutschland geheim gehalten. Auf energetischer Ebene stiftet das große Verwirrung. Mit dem Organ, das integriert werden soll, muss ja eine Verbindung hergestellt werden, damit es irgendwann zum neuen Körpersystem dazugehören kann. In unserem Fall gab es große Verstrickungen. Unser Spender war ein junger Mann, der bei der Entnahme noch gar nicht tot gewesen war. Ein Motorradfahrer. Seine Lebensaufgabe war zu Ende gewesen und er hatte sich bereit erklärt, einem anderen Menschen das Leben zu erleichtern. Er besaß einen Organspendeausweis und hatte eine geistige Absprache mit meiner Tochter, aber seine Familie war dagegen. Das war der erste Clinch. Die Familie war nicht im Frieden damit und hat sogar dagegen prozessiert. Auch diese Informationen trug die Niere, und wir mussten sie immer wieder ausgleichen und neutralisieren. Dann fing meine Tochter heimlich mit Rauchen an. Der Spender war Raucher gewesen, ihr System hat diese Sucht im ersten Moment übernommen. Sie war richtig wesensverändert. Plötzlich hat sie Fleisch gegessen, oder heimlich Schnaps getrunken. Es gab die Zellinformation: Trink doch mal! Sie hat das gar nicht vertragen, aber es kam mit der Niere erstmal als Information in ihrem Körper und musste durch unsere Arbeit langsam neutralisiert werden. Mit der energetischen Arbeit wäre so etwas wunderbar schon vor der Transplantation zu lösen gewesen. Das Organ hätte „befragt" werden können, um solche Dinge zu klären und Integration zu leisten. Wir haben diesen Weg mit Hilfe der geistigen Welt, der Engel, nach der Transplantation beschritten. Ganz langsam und behutsam haben wir das System meiner Tochter neutralisiert und in Balance gebracht. Auch auf der Ebene der Spenderfamilie und der Informationen, die in der Niere gespeichert waren. Nach und nach konnten die Medikamente reduziert werden. Der Körper meiner Tochter hat immer wieder signalisiert, dass die Dosis zu hoch war. Sie ist davon umgekippt und hat durch das Prednisolon zehn Kilo zugenommen. Wir begannen mit einer Heilpraktikern zusammenzuarbeiten, welche die Behandlung langsam auf pflanzliche Basis umgestellt hat. Langsam sind die Niere und das Zellsystem meiner Tochter eine harmonische Symbiose eingegangen. Wenn wir dies in Ruhe und in Zusammenarbeit mit der Klinik hätten tun können wäre vieles einfacher gewesen. Für alle Beteiligten. Das, was bei dieser Transplantation geschah, gilt für jedes andere Organ auch. Wenn den Echsen beispielsweise ein Arm oder Bein abfällt, dann lassen sie dieses Glied nachwachsen. Das funktioniert, weil sie genetisch noch auf das Urwissen zurückgreifen können. Auch wir Menschen können das wieder erlernen. Jeder Mensch könnte seine Zellen so informieren und auf Heilung programmieren, dass das Kranke abstirbt und dann mit Kraft der Gedanken auf Neuanfang und Heilung gesetzt wird. Jeder, der übt, könnte dieses erlernen. Das könnte ein ganz normaler Vorgang sein, wir haben nur das Wissen darüber verloren. Im Grunde ist unser Körper immer auf Heilung und Erneuerung ausgelegt. So wie es uns die Natur vormacht Geburt – Leben – Sterben – und Wiedergeburt. Ein ewiger Kreislauf. Aber wir leben in einem System der Abhängigkeit, in dem wir die Eigenverantwortung abgegeben haben. „Der Arzt hat gesagt!", heißt es. Oder „Der Onkel Doktor hat gesagt!" Wie wäre es, wenn jeder für sich selbst die Verantwortung tragen würde? Wenn jeder die Verantwortung für sein eigenes Leben, sein eigenes Tun und*

Handeln übernehmen würde? Es geht nicht darum, von ärztlichen Behandlungen abzuraten, sondern gemeinsam zu lernen. Ein Umdenken zum Wohle Aller. Ist das nicht auch ein Weg in die Freiheit? Eine Wende!

NEUES LEBEN

Ich habe dann mit der Kinderdialyse-Ärztin gesprochen, ob es eine Möglichkeit gäbe, hierher zu ziehen. „Ja, da lässt sich was machen", sagte sie. „Wir stellen Ihnen einen Zuzug-Schein über die Dialyse aus und begründen, dass dies aus gesundheitlichen Gründen erforderlich ist!" Wir haben also einen Wohnberechtigungsschein beantragt. „Was wollen wir denn?", sagte ich. Drei Zimmer brauchten wir bestimmt. „Ja", sagte sie. „Dann suchen wir Ihnen was aus!" Ich habe mich darauf verlassen. Nach vier Wochen mussten wir wieder zur Kontrolle. Da erfuhren wir: „Wir haben was gefunden! Sie können sich die Wohnung direkt anschauen!" Im dritten Stock lag sie, mit Balkon ohne Fahrstuhl. Die Gesundheit meiner Tochter war soweit wiederhergestellt, alles schien möglich. Und so sagte ich : „Okay, die nehmen wir!" Mittlerweile gab es für mich eine Abfindung von der Bahn und so konnte ich den Umzug finanzieren. Ich habe zu meiner kleinen Tochter gesagt: „Wir ziehen um in den großen Ferien!" Und ich habe den Möbelwagen bestellt. Die Möbelpacker kamen und haben alles aufgeladen. Am nächsten Tag haben wir uns in den Zug gesetzt und nach ein paar Stunden Fahrt, sind wir in unsere neue Bleibe eingezogen. Es war für mich auch wieder eine Chance, endlich wirklich von meiner Mutter wegzukommen. Wir hatten zwar schon alleine gewohnt, aber sie hatte immer noch keine Ruhe gegeben, die gute Frau. So hörten die ständige Bevormundung und die unterschwelligen Beschuldigungen endlich auf. Alles hinter dir lassen, Alles abstreifen wie ein altes Hemd. Ich schaute nicht zurück – nur nach vorne. Für mich und die Kinder war es die Chance auf ein neues Leben, ein Neubeginn. Der Umzug war wichtig für uns alle drei. Ich dachte: „Das ist die Chance meines Lebens!" Begründet mit dem Gesundheitszustand meiner Tochter. Obwohl der zu dem Zeitpunkt gar nicht mehr so kritisch war. Es ging nur noch alle vier Wochen um eine Routineuntersuchung der Werte. Ihre Medikamente musste sie zwar noch einnehmen, die Immundepressiva, das Cortison. Doch die Dialyse - Zeit war vorbei. Ihr Gesundheitszustand war stabil. Wir haben uns schnell eingelebt in der neuen Umgebung. Für uns drei begann ein neues Leben. Ich habe einen neuen Mann kennen gelernt und die beiden Mädchen haben sich gut mit ihm angefreundet. Es war ein richtig schönes Familienleben. Es waren für uns alle „sieben fette Jahre." Und dann ging es um mich – und um die Frage: Was mache ich jetzt beruflich? In der Klinik hatte man mir vorgeschlagen, ich könnte doch an der Uni Krankenschwester lernen: „Wir brauchen Schwestern, und dann kommen Sie zu uns ins Klinikum! Wir arrangieren alles für Sie!" Aber ich dachte: „Ne, irgendwie ist das nicht die richtige Ebene." Ich überlegte weiter, wie ich meine Fähigkeiten sinnvoll würde einbringen können. Ich musste mich dann auch beim Arbeitsamt melden. „Was wollen Sie denn machen?", hieß es. Sie schlugen mir auch Krankenschwester vor und boten mir an, mir behilflich zu sein. Mir war aber klar, das war nicht das Richtige für mich. Ich habe zu Hause meditiert und die Engel gefragt. Altenpflegerin! Die Erfahrungen mit meiner Tochter, immer an der Schwelle zwischen Leben und Tod, hatten mir deutlich gemacht, dass ich unbedingt wissen wollte, was bei den Übergängen zum Tod passiert! Das einzige Berufsbild, das diese Fragen in der Ausbildung behandelte, war Altenpflege. Das ist dort ein eigener Ausbildungsabschnitt. Damit war auch das Arbeitsamt zufrieden: „Prima! Und da Sie schon älter sind, lassen wir das als Umschulung laufen. Und Sie bekommen die Zeit bezahlt."

„Mensch", dachte ich, „das ist doch mal was Konkretes!" Nach drei Jahren habe ich mein Examen gemacht, das Staatsexamen. Für die Praktika war ich in Pflegeeinrichtungen, und dort traf ich wieder die Engel an. Vor allem, wenn die älteren Menschen gestorben sind. In den Abendstunden, wenn nicht mehr so viele Besucher da waren, habe ich sie besonders deutlich wahrgenommen. Meistens waren sie nicht zur Heilung da, sondern haben die Omas und Opas für die Übergänge bereit gemacht. Wenn jemand starb, war ich mit dabei und konnte die Engel gut sehen. Sie fragten mich direkt: „Wann hast du wieder Dienst? Da kannst du dich schon einstellen auf die Abholung, auf einen Transfer." Ich war bereit: „Gut!" Und dann war ich der Mittler zwischen den Welten. In der Ausbildung hatte ich die schulmedizinische Sichtweise zu den Sterbephasen vermittelt bekommen. Wir hatten aus der Forschung von Elisabeth Kübler-Ross gehört, sie war inzwischen etabliert. Auch über die Phasen, die beim Sterben durchlaufen werden, habe ich einiges gelernt. Wie verhält sich der Klient? Wie kann ich ihn gut begleiten? Nicht in Bezug auf die Seele, aber in Bezug auf das körperliche Sterben. Das war eine wirklich gute Basis für mich. Aber meine Aufgabe war es dann, mehr über die geistige Ebene zu begleiten und die Sterbenden auf die seelische Dimension der Reise vorzubereiten. Aus der Engelwelt erhielt ich dazu viele „Schulungen".

Die geistige Welt spricht – MEINE AUFGABE MITTLER zwischen den WELTEN

Es wurde mir umfassend gezeigt und erklärt, dass es meine Aufgabe ist, - sein wird - andere Seelen zu begleiten, Übergänge zu begleiten. Übergänge jeglicher Art. Einmal den Sterbeprozess – den Übergang der Seelen nach Hause und später auch den Übergang

der Menschen vom Unbewussten zur Bewusstwerdung. Auch von Übergängen in der Natur, von Zeittoren und Dimensionen war da die Rede. Doch alles zu seiner Zeit. Zuerst sollte – durfte, ich lernen, den Sterbeprozess zu begleiten und die Regenbogenbrücke für die Seelen zu bauen. Beim Sterbeprozess löst sich die Seele Stück für Stück, Schritt für Schritt vom physischen Leib ab. Über die Silberschnur ist sie mit dem Herzdiamant und dem physischen Körper verbunden und mit der Seelenheimat. Setzt der Sterbeprozess ein, löst sich die Silberschnur, wie ein dickes Seil – Strang für Strang ab. Die Seele wandert über die Regenbogenbrücke zurück zur Seelenheimat. Ist der Sterbeprozess abgeschlossen, löst sich die Seele, der Herzkristall = der göttliche Funke aus dem Physischen Leib. Zurück bleibt die leere Hülle. Der Lichtkörper löst sich ab und geht zurück in seine Seelenheimat. Der gesamte Prozess wird von Engeln begleitet und auch von Anverwandten, welche den Verstorbenen gekannt haben. Die Seele der Lichtkörper wird von den Engeln und den Anverwandten in Empfang genommen, erwartet und begrüßt. Meine Aufgabe ist es die Regenbogenbrücke zu bauen und auf dem Weg immer wieder Hilfestellung zu geben. So zu sagen Licht – Fackeln aufzustellen. damit die Seele den Weg findet und gut sehen kann. Findet die Seele den Weg, aus welchem Grund auch immer nicht, kommt es zu Schwierigkeiten. Sie verläuft sich und bleibt in Ängsten und Abhängigkeiten verstrickt. Die Seele irrt - wandert zwischen den Welten, ohne Licht, im Dunkel ohne Orientierung umher. Zusammenhänge mit dem Wachkoma meiner Tochter wurden mir gezeigt und bewusst. Als meine Tochter im Wach - Koma lag, hatte sie sich in ihrem Körper gefangen gefühlt und konnte sich nicht mitteilen. Sie hatte geschrien und gejammert, doch niemand hatte ihr helfen können - sie gehört. Es war dunkel gewesen und sie hatte nicht mehr gewusst, wo sie war. Ab und zu war jemand gekommen und hatte ihr etwas eingeflößt, die Medikamente welche sie ruhig stellen sollten verschlimmerten die Situation noch. – und sie war noch verwirrter, weil niemand ihr sagte, wo der Weg war. Sie wanderte zwischen den Welten hin - und her und verirrte sich immer mehr im Dickicht. Während dieser Zeit habe ich ihr oft vorgelesen, gesungen oder auch nur gesummt. Auch später bat Sie mich oft, ihr etwas vorzulesen. Meine Stimme gab ihr Orientierung und Sicherheit. Egal was, sie wollte nur meine Stimme hören. Wo führte der Weg hin? Instinktiv handelte ich damals. Wenn keiner die Brücke nach Hause aufbaut, besetzen große Ängste die Räume zwischen den Welten. Die Engel zeigten mir, dass es meine Aufgabe sei, die Menschen hier an die Hand zu nehmen und zu begleiten. Dafür sei ich in diesem Leben inkarniert, erklärten sie mir. Meine Tochter sei meine Lehrmeisterin gewesen. Sie habe mich wieder daran erinnert, diese Aufgabe auszufüllen. Ich sei hier, um auch anderen bei den Übergängen zu helfen. Damit sie bewusst diesen Prozess erleben können, geführt durch jemanden, der ihnen den Weg zeigt: „Da ist das Licht, da geht es hin. Dort wirst du empfangen und das passiert als nächstes. Ich helfe dir, den Weg zu finden und begleite dich. Ich baue dir die Regenbogenbrücke." Das war das Geschenk an mich durch die Krankheit meiner Tochter. Das war es, was ich dadurch erfahren habe. Dadurch ist diese Aufgabe wieder in mein Bewusstsein gekommen und kann sich in der Materie ausdrücken. Zuerst hatte ich das durch die Krankheit meines Kindes emotional erfahren dürfen, später kamen jeweils Bücher und weitere Ausbildungen dazu, damit mein Verstand es auch begreifen und verstehen konnte.

NEUE ERFAHRUNGEN – die REGENBOGENBRÜCKE

Mein Kontakt zur geistigen Welt war nun also völlig wiederhergestellt und vertiefte sich durch die Arbeit im Pflegeheim. Ich konnte die Engel sehen, wenn der Sterbeprozess begann und sie die Omas und Opas abgeholt haben. Und ich konnte die Sterbenden unterstützen und ihnen die Angst nehmen in diesem Übergang. Das war meine Aufgabe. Ich war für sie da um ihnen zu erzählen, was wirklich passierte, um ihnen die Angst vor dem „jüngsten Gericht" und vor „der Bestrafung" zu nehmen, um mit ihnen den Prozess zu durchlaufen und gemeinsam zu schauen: „Was war die Essenz deines Lebens? Was wolltest du lernen?" Es war mein Part, ihnen klarzumachen, dass sie sich von den Verletzungen des Lebens erholen und heilen dürfen und dass sie zuerst in einen Heilschlaf gehen würden. Ich gab ihnen das Vertrauen, dass die Seele nicht sterbe, sondern abgeholt und begleitet würde. Das war jeweils meine Aufgabe an diesen Orten, in den Pflegeeinrichtungen. Trotzdem blieb für mich das Gefühl, dass mein Weg hier noch nicht zu Ende war. Ich wollte nicht nur begleiten, ich wollte auch heilen. Was konnte ich tun auf der Ebene der Zellinformationen? Wie konnte ich meine Gabe zur Heilung des physischen Körpers nutzen? Die geistige Welt versprach mir: „Gut, wenn du das möchtest, unterstützen wir dich auf deinem Weg.

„Mein ein Wunsch ist sehr schnell erhört worden. Mir fiel ein Katalog in die Hände, in dem ich das Buch „Spirituelle Meridianbehandlung" fand. „Meridiane?", fragte ich mich, „keine Ahnung, was das ist." In der Schule hatte ich nichts darüber gelernt, auch nicht in der Anatomie. Da hatte es nur Adern und Venen gegeben, keine Meridiane. Doch ich bestellte mir das Buch und meine Nachbarin erklärte sich bereit, Probandin für mich zu sein. Das Buch beschrieb die Energieleitbahnen in Verbindung mit der „geistigen Welt". Ich war begeistert davon. Und es funktionierte. Ich wollte mehr über die Methode erfahren, sie gerne richtig anwenden, nicht nur so ungefähr. Auch mein Verstand hätte gerne begriffen, was da genau geschah. Also habe ich mich erkundigt, aber in Deutschland gab es keinen Kurs dafür. Eines Morgens wachte ich auf und wusste, ich muss sie anrufen – die Autorin des Buches. Pünktlich um neun Uhr nahm ich den

Hörer in die Hand und schlug das Buch auf. Hinten stand eine Telefonnummer drin, von der Autorin. Und dann habe ich sie angerufen in der Schweiz. Das Erste, was sie am Telefon zu mir sagte, als ich meinen Namen nannte, war: „Dein Platz ist noch frei!" Ich fragte: „Was?" Sie: „Ja, dein Platz ist noch frei." Das vergesse ich nie. Ich sagte: „Was denn für ein Platz? Ich wollte mich nur mal erkundigen, was es für Kurse gibt und was das kostet. Können Sie mir Unterlagen schicken?" Da sagte sie wieder: „Dein Platz ist noch frei." Ich dachte, die kann mir viel erzählen und wiederholte mich: „Schicken Sie mir bitte das Programm zu und verraten Sie mir, wann es losgehen soll!" In ihrem Buch war schön beschrieben, wie Heilung in Kombination mit den Engeln „funktionierte". Ganz wichtig war für mich, dass sie die Christusebene mit einbezog. Denn ich war ja gut im Kontakt mit Christus. Die Christus - Ebene und die der Engel, ja, dazu wollte ich mehr wissen. Die Verbindung zwischen physischem Körper und Geist. Beide Mädchen waren damals schon außer Haus und so hatte ich Zeit. Ich war mir nicht ganz sicher, auf welchen Weg ich in die Schweiz gelangen sollte. Ich rief nochmal an und fragte, welches der beste Weg sei. Sie: „Ist doch schon alles klar, wir haben doch schon drüber gesprochen. Du kommst doch mit dem Flugzeug!" „Was?", sagte ich. Davon wusste ich nichts. Später stellte sich heraus, dass sie mich mit meiner Dualseele verwechselt hatte. Aber Autofahren war mir auch zu anstrengend. Sie schlug vor, mit der Bahn zu kommen. Und dann das Schiff zu nehmen. Das gefiel mir. Da ich eigentlich immer gerne den freien Willen habe und mich manchmal nicht so gerne leiten lasse von der geistigen Welt, gab es dann am Bahnhof noch ein ziemliches Hin - und Her. Der erste Zug war schon mit einer halben Stunde Verspätung angezeigt. Ich dachte direkt: „Nee, dann ist das nicht gewollt. Dann will ich da auch nicht hin!" Zweifel schlichen sich ein. Dann ging das Spiel mit den Koffern los. Mein Geistführer war zu der Zeit Erzengel Gabriel, der sagte: „Jetzt stell dich nicht so an! Alles ist vorbereitet,

Du wirst erwartet." Wir beide haben Tauziehen gemacht – Koffer hoch und Koffer runter die Treppe. Beim dritten Mal Treppenhoch musste ich im letzten Moment auf den Zug aufspringen, um doch noch mitzukommen. Ich war völlig am Ende und dachte: „Wenn es schon so losgeht, habe ich gar keine Lust dort zu lernen! Irgendeinen Widerstand gibt es, irgendwas ist nicht stimmig." Durch eine glückliche Fügung saß ich dann irgendwann doch im Erste-Klasse-Abteil, und genoss die Fahrt in die Schweiz. Ohne dass ich nachzahlen musste. Ich dachte: „Du bist geführt und gesegnet und beschenkt – Besser kann es doch gar nicht sein! Danke ihr Engel." Halb sechs bin ich mit der Bahn angekommen. Um achtzehn Uhr ging das letzte Schiff. Ich fragte in der Information: „Wo ist die Anlegestelle?" Es kam ein Kofferträger und hat mir all mein Gepäck zum Schiff getragen. Jetzt ging plötzlich alles ganz leicht. Ich war auf dem richtigen Weg! Ich bringe Sie hin, Madame!", hat er zu mir gesagt. Das war ergreifend. Auf dem Schiff war es so unglaublich schön, als wenn ich nach Hause kommen würde. Es war so herrlich! Das viele Wasser, darauf ein Schwan und er begleitete mich. Er schwamm neben dem Schiff her. Ich begann mit dem Schwan zu sprechen. Mythologisch steht der Schwan für das Nachhausekommen, für Vermittlung und Partnerschaft. Da wusste ich, dass ich jemand ganz Besonderen treffen würde, dort. Als ich abends ins Hotel kam, war da nur die Dame an der Rezeption. Mein Empfang war: „Fünfter Stock, bestes Zimmer!" Ein Eckzimmer mit Blick auf den See und den Wald. Es war alles ein Geschenk. Ein Geführt sein - ein Willkommen sein. Nochmal: „Danke ihr Engel!" Im Hotel gab es zu der späten Stunde nichts mehr zu Essen. Deshalb bin ich die Promenade entlangspaziert und saß später als einziger Gast auf der Terrasse. Der Vollmond leuchtete über den See. Anstatt die Rechnung zu bringen, sagte der Kellner: „Ein Geschenk des Hauses für Sie!" Das hätte ich mir vorher nicht schöner ausdenken können. So viele Geschenke an einem Tag! Das silberne Mondlicht beleuchtete

meinen Rückweg zum Hotel. „Kneif mich mal einer! Ist das echt?"
Am nächsten Morgen bin ich runter zum Frühstück. Es war schon
spät, nur eine etwas hagere Frau saß im Frühstückssaal. Ich dachte:
„Gut, setze dich zu ihr an einen Tisch und trinke einen Kaffee." Wir
kamen ins Gespräch. Sie war ein männlicher, herber Typ und im
Laufe des Gespräches stellte sich heraus, dass sie in einem anderen
Leben mein Mann gewesen war. Die geistige Welt hatte mir eine
ganz besondere Begegnung versprochen. Wo ist der Mann, auf den
ich warte? Wenn das schon so los geht! Ich war enttäuscht und
wollte auf mein Zimmer. Im Gang kam mir die Kursleiterin
entgegen. Zwei riesengroße Geistwesen flogen sich in die Arme, so
fühlte es sich an: „Du hier! Schön, dich wiederzusehen! Nach so
langer Zeit!" In unserer menschlichen Verkörperung haben wir uns
nur in die Augen geschaut und uns in den Arm genommen. Das
tiefe Gefühl der Freude und des Willkommenseins. „Wie schön,
dass du hier bist!" Unbeschreiblich war das. Was für eine
Begegnung! Ich bin dann nach vorne gegangen in die Hotelhalle
und da kam mir meine „Atlantische Mama" entgegen! Die Tür ging
auf, ich stand auf der Stufe, als wenn ich sie erwartet hätte zur
Begrüßung. Wir sind zusammen im Fahrstuhl hochgefahren. Es war
ein Geschenk nach dem anderen. Die Seelen wussten sofort, das ist
meine Mama. Wie kommst du denn hier her?" Im Laufe der
Ausbildung haben wir das herausgefunden und der Verstand
konnte es auch annehmen. Meine „atlantische Mama" war die
einzige, die mit mir auf der Etage gewohnt hat, direkt neben mir.
Mit diesem Ausblick. Was für tiefe und überraschende
Begegnungen! Was für Geschenke das waren. Mir zitterten die
Knie. So eine Freude war das, solch ein Jubel und ein Gefühl von
Nachhausekommen. Endlich da! Der Verstand protestierte, und die
Seele jubelte. Es war, als würde sich das auf zwei Ebenen
abspielen. Als würden die Engel sagen: Wir machen ein kleines
Spiel daraus. Ein bisschen Freude und Leichtigkeit. Weshalb sollen
wir dir das zu einfach machen! So lösen wir deine Verstrickungen

und Verhärtungen nach und nach auf. Es war Freude und gleichzeitig Schmerz die „alten vertrauten Seelen" zu sehen, die sich in dieser Verkörperung in diesem Leben nicht kannten. Eine Stunde später begann die Ausbildung. Der Raum war gut gefüllt mit den Teilnehmenden. Wir saßen im Kreis, alle Plätze waren besetzt. Nur mir gegenüber war ein Platz frei. Ich betrachtete die anderen. Mir gegenüber war nur eine graue Wolke und ein merkwürdiges Gefühl stieg in mir auf. Ich konnte es mir nicht erklären. Und ich wartete wohl immer noch auf den Prinzen. Er war nicht dabei. Schade. Die Energie, die Aufteilung, die sich ergeben hatte, war unglaublich stark. Alles war frei gewählt. Unsere Seelen wussten genau Bescheid. Die Seminarleiterin wirkte ein wenig unruhig als sie sagte, dass ein Teilnehmer noch fehle und wir dennoch schon die Eröffnung machen würden. Sie ließ ein Säckchen herumgehen, für eine Energieübung: „Du nimmst aus dem Säckchen einen Stein heraus, hältst ihn verdeckt in der Hand, so dass ihn niemand sehen kann, und dann verbindest du dich mit deinem Seelenpartner, der den gleichen Stein hat. Du spürst hinein, wer das ist." Mich hat sie aufgefordert aufzustehen und zu sagen, was ich wahrnehme. Über den Stein war ich mit einer kleinen Schweizerin verbunden und energetisch mit der grauen Wolke mir gegenüber. Die Seminarleiterin hatte von einem Seelenpartner gesprochen, wieso hatte ich zwei? Die kleine Schweizerin sollte sagen, was sie bei mir sah: „Du stehst da im weißen Kleid, und hinter dir steht noch eine Gestalt im weißen Kleid. Er schaut dir über die Schulter oder hält dich im Arm. An deiner Seite ist ein Hund, ein großer Hund." Die Seminarleiterin forderte mich auf: „Erzähl doch mal was, zur Erklärung." Ich sagte: „Ich habe kein weißes Kleid, aber ich bin Altenpflegerin, der Kittel vielleicht. Ich habe auch gerade keine Beziehung, keinen Mann. Und einen Hund habe ich eigentlich auch nicht." „Hm", sagte sie, komisch. „Der wird dann wohl noch kommen." Und ganz lapidar hinterher: „Na, dann hast du deine Zukunft gesehen." „Ach", dachte ich, „das ist ja interessant." Und dieses seltsame Gefühl stieg wieder in mir auf. Damit war die Vorstellungsrunde beendet. Es war Mittagspause. Ich saß neben der Seminarleiterin und wir schwatzten, wie in alten Zeiten. Nach so langer Zeit hatten wir uns viel zu erzählen. Plötzlich wurde mir richtig schlecht. Furchtbar schlecht. Ich bestellte Pfefferminztee, doch der half nicht. „Tut mir leid, ich muss auf mein Zimmer." Mein ganzer Körper zitterte. Ich lief vor in die Halle und stand gerade wieder auf der Treppe und wer kam herein? Der Prinz. Blond, blauäugig, zwei Meter groß, mit dem Hund an seiner Seite. Die Astralkörper gingen sofort aufeinander zu: „Du hier! Schön, dich zu sehen!" Ich spürte aber, dass irgendwas nicht stimmte. Er kam näher und uns trennte nur noch eine Stufe. Die Energiekörper berührten schon aneinander. Es war, als würde der eine Ja und der andere Nein sagen. „Oh, oh." dachte ich. Und er: „Du hier? Nein, Du bist es nicht!" Ich dachte: „Oh schade. Du nicht? Was? Wie bitte?" Die menschlichen Verkörperungen standen sich gegenüber und betrachteten sich. Ich erschrak und wollte gehen. Zum Fahrstuhl. Aber er war schnell und kam mit dorthin. Der Hund, er und ich in dem kleinen Ding. Und ich hörte immerzu, wie er dachte: „Du nicht!" Und ich dachte die ganze Zeit: „Willst du mir nicht mal Guten Tag sagen?" Gott sei Dank ist er eine Etage vor mir ausgestiegen. Ich bin hoch auf mein Zimmer und war nun völlig durcheinander. Da war er, der Prinz. Die ganz besondere Begegnung. Und er wollte mir nicht mal guten Tag sagen. Mir war schlecht, so richtig schlecht. „Nee", dachte ich, das fühlt sich alles schizophren an. War das eine Erscheinung? Ich fahr jetzt sofort nach Hause! Mein ganzer Leib zitterte wieder. Wie sollte ich das hier alles aushalten? Zwei Welten – die nicht zusammenpassten, so unterschiedliche Wahrnehmungen. Ich begann meinen Koffer zu packen. Mein Geistführer Erzengel Gabriel sprach zu mir: „Du bist hier, um die Ausbildung zu machen. Du willst mit uns zusammenarbeiten. Wenn Du jetzt fährst, hast Du die Chance vertan. Bedenke, was du tust!" Und er hüllte mich in seine unendliche Liebe und Weisheit ein. Ich hielt einen Moment inne, da klopfte es an der Tür. Meine atlantische Mama, zum Glück: „Komm, wir gehen wieder runter." Sie hatte ein Öl dabei, mit dem sie mir die Stirn betupfte. Wir saßen auf dem Bett und schauten uns an: „Gut, ich komm mit." Wenn sie nicht gekommen wäre, ich wäre abgefahren. Die Ausbildung begann. Es war, als würde alles auf zwei Ebenen stattfinden. Die Geistige und die Materielle. Welt in Welt, immer getragen und behütet von Liebe und Weisheit. Da saßen wir wieder im Kreis. Auf dem Platz mir gegenüber saß er jetzt - der Gockel, der Prinz, mit seinem weißblonden Zopf. Wie ein Pfau aus dem Bilderbuch. Meine Dualseele, mein Seelenpartner. Meine Seele wiederholte immer wieder: „Ja, du bist hier! Du und Ich. Mein Körper hat geschlottert und mir war schlecht." Und er entgegnete: „Nein, ich bin es nicht! Du nicht!" So brüllte sein Ego. Und er plusterte sich auf, wie ein Pfau. Ich konnte mich nicht auf die Ausbildung konzentrieren, schaute ihn an, schaute wie in einen Spiegel. Zwei Seiten, er der Pfau und ich das unscheinbare kleine Mädchen, welches nicht gesehen werden wollte. Mein Körper zitterte und mir war übel. Ich konnte nichts mehr sortieren. Ich hoffte, dass irgendwas passieren würde. Dann kam das Abendessen, eine lange Abendbrottafel mit all den Heilern. Wer saß mir gegenüber? Mein Dual. Alle Seelen trafen sich, vergnügten sich. Und ich dem Pfau gegenüber. Er fing an zu erzählen: Er wäre schon Meister, er wüsste Bescheid. Aber seine Engel hätten ihn an den Ohren zu diesem Ort hier gezogen. Hier sollte er jemand ganz besonderen treffen. Das hat er mir so über den Tisch entgegen geschleudert, dass alle es hören konnten. Immer mit dem stillen Nachsatz: „Aber du bist es nicht!" und immer zeigte er mit dem Zeigefinger auf mich. Wie ein Stigma fühlte sich das für mich an. Ich dachte: „Schönen Dank auch. Es gab kein Entrinnen. Das kann ja heiter werden." Mir tat alles weh, mir war immer noch übel und mein Körper zitterte. Die anderen haben es mitbekommen. Während des Gesprächs hatte sich eine Art Blase um uns aufgebaut. Er erzählte uns von dem Gefühl, er würde verrückt. Er könne die vielen Energien, die er empfange nicht verarbeiten. Um damit umzugehen, würde er sich vorstellen, aus seinem Kopf kämen Stängelchen raus. Darauf setzt er dann die Energien wie Vögelchen und kippe sie nach und nach vom Stängel runter. Richtig aufgeplustert hat er sich, der Pfau, als er das erzählte. Energetisch hatte er einen Königsmantel an und eine Krone auf. In der Krone die Pfauenfedern – und um den Hals eine Boa. Ich dachte: „Jetzt hab ich die Faxen aber dicke!" Ich bin aufgestanden und hab sinnbildlich die Flinte rausgeholt: „Jetzt ist Schluss, jetzt reicht es mir hier!" Und ich habe angefangen, die Vögel abzuschießen. Imaginär. Da hat er gemeint: „Was ist jetzt?" Die anderen wurden still und haben neugierig geguckt. Meine Atlantische Mama ist aufgestanden – ihr physischer Körper saß, aber der energetische stand und sie hat ihm die Boa abgerissen und die Krone mit den Federn in die Ecke geschmissen. Er saß ruhig da und bemerkte: „Ich glaub, die Boa ist ab." Schlagartig war es ruhig am Tisch, alle guckten zu ihm. Ich musste erst mal aufs Zimmer. Das war zu viel für mich. Die Ausbildung ging weiter und auch das Spiel mit meiner Dualseele. Er saß mir immer gegenüber und ich war wie geblendet von der goldenen Energie, die von ihm ausging. Egal, ob im Hotel oder abends im Restaurant, auf Ausflügen oder bei Übungen. Immer saß er mir gegenüber, niemals an meiner Seite. Und immer dieser stille Nachsatz: „Aber Du bist es nicht!" In unseren Übungen war ich nie nur mit der Person verbunden, die den gleichen Stein hatte wie ich, sondern immer auch mit meinem Dual. Immer war er mit von der Partie. Es fühlte sich an wie eine Trinität. Ich war völlig irritiert. Nach einer Weile habe ich mit der Seminarleiterin darüber gesprochen. „Bitte schau mal, was das ist?" Sie hat mir bestätigt, dass er mein Seelenpartner ist, sogar meine Dualseele. Du darfst ihm das nicht sagen, beschwor sie mich eindringlich: „Er muss das selbst erkennen, über die Herzebene!, wer du bist" Bis zum Schluss hat er es nicht erkannt, oder nicht wahrhaben wollen. Das

64

Spannende war, dass er und ich das gleiche Energiepotential hatten. Wir waren die einzigen im Kurs, die über den Farbstrahl gearbeitet haben. Viele Erfahrungen und Erlebnisse aus diesem Leben, habe ich eins zu eins bei ihm wiedergefunden. Angefangen bei der hartherzigen Mama. Das hat für magische Anziehung gesorgt. Ich wurde ungeduldig: „Irgendwann muss er das doch begreifen! Und erkennen wer ich bin." Auch den anderen Kursteilnehmern blieb das Spiel nicht verborgen. Sie fingen an, uns aufzuziehen: „Der Kuckuck und der Esel -I-A, Du nicht!" Die Seminarzeit neigte sich dem Ende entgegen und ich fragte ihn: „Und? Weißt du jetzt, warum du hier bist?" „Du bist es nicht!" war wieder seine Antwort. Das tat weh, es war nicht mehr lustig. Immer wieder erzählte er von einem alten Kessel, den er schon ewig mit sich herumschleppe. Ein Kessel fürs Feuer. Er hatte ihn auch dabei. Ich sagte: „Was bedeutet denn für dich der Kessel?" „Nachhausekommen", war seine Antwort. Ganz am Ende der Ausbildung - sie hatte ein Jahr gedauert - saßen wir alle noch einmal an der großen Tafel. Wie üblich saß er mir gegenüber. Er war verändert und erzählte wieder von seinem Kessel: „Ja, ich bin angekommen. Ich bin zuhause angekommen, aber irgendwas fehlt." Und an mich gerichtet: „Du bist es nicht!" Ich antwortete: „Für eine der Ebenen musst Du dich jetzt mal entscheiden, Geld oder Liebe?" Und auf einmal ging es los. Wieder baute sich eine Blase auf in unserem Gespräch und das gesprochene Wort nahm Form an. Ein Bild entstand, Materie formte sich, eine Vision entstand für uns alle zugleich sichtbar. Darin stand ein riesengroßer Spieltisch, eine Art Roulette-Tisch. Ja, du musst dich jetzt entscheiden, womit du nach Hause kommst. Geld oder Liebe!? Auf einmal waren ganze Dukatenberge auf dem Tisch, Schweizer Franken! Er saß am Spieltisch. Ich konnte es kaum glauben. Ich stand etwas abseits neben meinem Dual an einer offenen Feuerstelle und rührte in seinem Kessel. „Ich nehme das Geld!", sagte er laut und deutlich, für alle vernehmbar. Für mich war das wie eine Ohrfeige, ein Schlag ins Gesicht. Die Würfel waren gefallen. Er hatte sich für das Geld entschieden. Ich dachte, das wäre jetzt das Ende. Das Ende unserer Begegnung. Denn auch die Ausbildung war beendet. Noch an diesem Abend fuhren wir mit dem Boot, um die Heimreise anzutreten, da hat er mich gefragt, ob ich mit ihm noch einen Tag am Ort bleiben würde. „Juchhu", dachte ich, „er hat es erkannt, zu guter Letzt. Seine Seele hat es ja gewusst, wer ich bin, nur seine menschliche Verkörperung – Teil dessen sein Ego nicht." Er erklärte mir an jenem Tag, er fühle sich zu mir hingezogen, wisse aber noch nicht, was es sei. Aber er würde es gerne herausfinden. Er schlug vor, jeweils alleine nach Hause zu fahren und die eigenen Angelegenheiten zu klären. Und dann sollten wir uns wieder treffen. Er würde gerne mit mir in Norddeutschland ein Heil - Zentrum aufbauen. Ich jubelte innerlich: „Ja, besser kann es ja gar nicht mehr kommen. Okay, wir fahren nach Hause, und jeder regelt seine Angelegenheiten." Plötzlich sagte er: „Du bist es doch! Ich komme bei dir vorbei und hole dich ab!" Ich: „Mensch, jetzt hat er es. Ja, ist gut!" „Ein Mann ein Wort" – so dachte ich und bin nach Hause gefahren. Von da an haben wir telepathisch miteinander kommuniziert, aber schon bald hatte ich wieder das Gefühl, dass irgendetwas nicht stimmte. Wir haben Astralreisen gemacht und imaginär an unserer Vision an einem Heilzentrum gebaut. Aber ich habe mich dabei nicht mehr wohlgefühlt. Er schickte mir ein Buch, das von Joel S. Goldsmith geschrieben war. „Bingo, er hat es verstanden! Auch sein Verstand! Das sind die zusammengesetzten Initiale unserer Ich Bin Präsenz! - unser ganzes Seelenpotenzial. Das Buch war praktisch das Zeichen für mich, dass die beiden Ebenen jetzt zusammengefunden haben. Doch warum fühlte ich mich zunehmend unwohler? Ich spürte immer noch diese Irritation. Energetisch grenzte ich mich von ihm ab, ich habe meinen „Schutzmantel" angezogen und mich vorerst in Schweigen gehüllt. Und ich begann heilsame Rituale für mich durchzuführen.

Suche dir einen Platz, an dem du für eine Weile ungestört sein kannst.

Bitte um Schutz für dich und deinen Platz, spüre ihn.

Schließe deine Augen. Komme zu Ruhe.

Sieh vor deinem inneren Auge die Brücke aus Licht, schreite über die Brücke aus Licht.

Da entdeckst du einen Wasserfall. Lege deine Kleider ab und steige in den Wasserfall.

Spüre das Prickeln des Wassers auf deiner Haut.

Alle Gedanken, Emotionen und Blockaden werden gelöst.

Spüre das Prickeln des Wassers auf deiner Haut.

Alle Ängste fallen von dir ab.

Alle Emotionen werden gereinigt, geheilt und geklärt.

Dusche so lange wie es dir angenehm ist.

Steige aus dem Wasserfall hervor und lege ein neues, sauberes, weißes Gewand an.

Schreite über die Brücke aus Licht.

Öffne deine Augen. Bewege Arme und Beine.

Willkommen im Hier und Jetzt.

Wiederhole diese Übung so oft es dir möglich ist.

ANLEITUNG: LÖSEN von SCHNÜREN und VERSTRICKUNGEN

Suche dir einen Platz, an dem du für eine Weile ungestört sein kannst.

Bitte um Schutz für dich und deinen Platz, spüre ihn.

Stelle dich imaginär in einen Schutzkreis.

Außen herum ein Feuer, eine Hecke oder ein Graben, welcher den Kreis schützt.

Lade einen Engel ein, zu dir in den Kreis zu kommen.

Spüre seine Präsenz.

Bitte nun den Engel alle Schnüre und Verstrickungen aus deinem Körper zu lösen und mit einem Lichtschwert zu durchtrennen.

Sieh wie ein rein weiß – goldenes Licht die Löcher und Wunden in deinem Körper auffüllt und heilt.

Löse den Kreis auf.

Bedanke dich bei dir selbst und Danke dem Engel.

ANLEITUNG : SCHUTZMANTEL

Suche dir einen Platz an dem du für eine Weile ungestört sein kannst.

Bitte um Schutz für dich und deinen Platz, spüre ihn.

Setze dich aufrecht hin, ohne Arme und Beine zu kreuzen.

Lasse aus deinen Füßen imaginär Wurzeln in die Erde wachsen.

Visualisiere wie Alles, was dich belastet, über deine Füße = die Wurzeln abfließt.

Lade deinen Engel ein. Spüre seine Präsenz.

Bitte ihn, dir einen Schutzmantel aus 3 verschiedenen Farben anzulegen.

Sieh deine Farben.

Es kommt eine weitere hinzu, die 4. Schicht.

Sie ist Blau, die äußere Schutzschicht.

Bewundere deinen Mantel.

Seine Farben heilen und schützen dich.

Spüre die Liebe und Güte.

Trage deinen Mantel so oft es dir möglich ist.

Bedanke dich bei dir selbst und Danke dem Engel.

Ein, zwei Wochen meldete er sich nicht. Dann hat er angerufen und gesagt: „Ich habe jetzt keine Zeit. Ich komme bei Dir vorbei!" Mittlerweile war auch der Tag gekommen, zu dem ich meine Wohnung gekündigt hatte. Ich habe nur noch dagesessen und gewartet, dass er mich abholt. Inzwischen war Weihnachten - und er sagte, er käme im neuen Jahr. „Ich komme bei dir vorbei." Er beschwichtigte mich, alles sei schon vorbereitet, es sei jetzt bald so weit. Und ich vertraute Ihm und glaubte Ihm. „Okay", dachte ich, „das ist doch eine klare Ansage!" Wieder zog es sich hin - den ganzen Januar. Ich war irritiert. Ich dachte: Irgendwas ist nicht koscher. Aber inzwischen hatte ich gelernt, auf die Engel zu hören und ihren Anweisungen zu folgen. Erzengel Michael sprach zu mir: Jetzt ruf Ihn an! Nein, ich ruf doch den Gockel nicht an! Das wäre ja noch schöner. Die innere Unruhe wuchs. Ich wollte ihn gerne wiedersehen. Ja, sagt Erzengel Michael: Ruf ihn an! Zwei Tage schlich ich um das Telefon herum, und am dritten Tag war ich soweit. Ich wählte die Nummer, eine Vision baute sich auf, da sehe ich ihn schon dasitzen. Sofort war die Verbindung hergestellt, sofort war ich präsent. Ich habe ihn oben sitzen sehen, im Zimmer, und in der Küche unten war schon eine neue Madame mit seinem Kessel zugange. Er war energetisch eingesperrt hinter dicken Mauern, sein Herz war zu. Na prima, dachte ich, alles eingezäunt. Eingemauert wie vorher. Ich sagte: Was ist denn jetzt mit uns? Da brüllte er: Du rufst hier an? Du traust dich, hier noch anzurufen? Ich hab gesagt, ich komm bei Dir vorbei! Du hast dich ja nicht mehr gemeldet, und dich abgegrenzt von mir. Ich sitze hier mit hundert Quadratmetern! Auch ich sitze hier mit hundert Quadratmetern und will dich wiedersehen und warte auf dich. Ich komm bei dir vorbei, hörte ich ihn sagen. Jetzt reicht es mir hier! Weißt du überhaupt, wer ich bin? Mit wem du sprichst? Ja, du doch nicht! Da ist mir der Kragen geplatzt. Ich habe mein Pfauenkleid angelegt, energetisch, und hab mich mit allem ausstaffiert. Mein Seelenkleid, mit allen glitzernden und funkelnden Erfahrungen wie mit Diamanten besetzt und reich verziert. Meine Krone und den Stab der Macht. Meine ICH- BIN - Präsenz, mein Seelenkleid in ganzer Pracht und Schönheit. Du bist das − ich komm sofort bei Dir vorbei!, sagte er ganz kleinlaut. Ich darauf: Jetzt ist Schluss! Mir reicht das jetzt! Du kommst jetzt bei mir vorbei, sofort!? Ich hab keine Lust mehr! Was soll die Olle da in der Küche, wer ist denn das schon wieder? Nein Danke, mir reicht es! Wütend habe ich den Hörer aufgeknallt. Ich musste mich setzen. Mein ganzer Körper hat gezittert. Es folgten drei Tage Heulen, Jammern, Wut, Enttäuschung und Verbitterung. Alles schmerzte, alles tat weh. Körper und Seele heulten um die Wette. Dann war alles ganz ruhig und leer in mir. Alles war eingestürzt, wie ein Kartenhaus. Alle meine Träume, Wünsche, Sehnsüchte und Erwartungen, alles − alles. Mein ganzes Leben war mir genommen. Etwas Neues noch nicht in Sicht und in das Alte konnte ich nicht mehr zurück. Die

Wohnung war gekündigt, ich saß da auf gepackten Koffern. Was nun? Ich bat die Engel um Hilfe.

ANLEITUNG: LOSLASSEN von SCHMERZ

Suche dir einen Platz, an dem du für eine Weile ungestört sein kannst.

Bitte um Schutz für dich und deinen Platz, spüre ihn.

Setze dich aufrecht hin, beide Füße fest auf dem Boden, ohne Arme und Beine zu kreuzen.

Schließe die Augen und atme bewusst tief ein und aus.

Lade den Engel ein, dich dabei zu unterstützen.

Spüre seine Präsenz.

Lege beide Hände auf die Knie.

Visualisiere wie aus deinen Füßen Wurzeln wachsen, tief in die Erde hinein.

Lasse allen Schmerz, Wut und Trauer über die Füße = Wurzeln abfließen.

Gehe mit deiner Aufmerksamkeit in deinen Herzraum.

Bitte deinen Engel, seine Hand auf deinen Schmerz zu legen und diesen zu heilen.

Spüre, wie sich dieser löst.

Dein Engel hält dich in seinen Armen.

Spüre wie Liebe, Güte und Sanftmut dich umgeben und

durchdringen.

In deinem Herzraum befindet sich eine Rosenknospe.

Atme in diese Rosenknospe hinein.

Die Rose entfaltet sich und ihr Duft.

Du atmest ein und aus und die Rose und der Duft breiten sich in Deinem Herzraum aus.

Du atmest weiter ein und aus und die Rose und ihr Duft breiten sich weiter über deinen gesamten Körper aus.

Du atmest ein und aus.

Dein ganzer Körper ist angefüllt und ausgefüllt mit der Rose und dem Duft.

Die Sanftheit der Rose und der Duft heilen deinen Schmerz.

Atme so lange in die Rose und den Duft, bis Du dich wohl und geborgen fühlst.

Beim nächsten Atemzug schließt sich die Rose und du bewahrst die Knospe in deinem Herzen.

Bewege langsam Arme und Beine. Öffne die Augen.

Bedanke dich bei dir selbst und dem Engel.

Willkommen im Leben, Willkommen im Hier und Jetzt.

Die geistige Welt spricht – DUALSEELEN und die MACHT der WORTE

Dualseelen, das ist ein „Experiment". Am Anbeginn der Zeit war alles eins. Alles ist und war mit allem verbunden. Dann haben sich Seelen bereit erklärt, sich zwei - zuteilen, um die Getrenntheit zu erleben. Diese Seelen wollten unabhängig voneinander Erfahrungen machen. Wie eineiige Zwillinge. Beide mit dem gleichen Potential, mit derselben Grundausstattung, der gleichen Zellinformation. Aus der Einheit geteilt, eins zu eins, ein Dual. So sind die Seelen in die Materie gegangen, in das Getrennt sein, durch den Schleier des Vergessens. Die Verabredung war: Ich erkenne den anderen hundertprozentig, ich vergesse das nicht. Ich erkenne ihn wieder. Es gibt jeweils zwei von ihnen. Hat die Seele einen gewissen Bewusstheitsgrad erreicht wird die Gnade gewährt und die Duale begegnen sich. Es ist großes Glück, wenn beide Duale gleichzeitig inkarniert sind und dann auch noch ungefähr im selben Alter und im anderen Geschlecht. Die Seelen erkennen sich. Doch die neuen Beziehungen funktionieren nur über die Herzebene, über die bedingungslose Liebe. Ohne Ego. Der andere muss sagen: „Ich liebe dich, ich ehre dich, ich achte dich – ich erkenne dich an, so wie du bist." Ohne Machtspiele und Abhängigkeiten. Sobald diese Ebene hineinkommt, wird die Verbindung wieder getrennt. Das gilt für alle Beziehungen in der neuen Zeit. Um die Verabredungen, die sie auf der anderen Seite getroffen haben, kommen sie nicht herum. Die verabredete Begegnung findet irgendwann statt, doch die menschliche Verkörperung hat immer den freien Willen, wie sie damit umgeht. Lässt sie sich auf eine Beziehung – ein gemeinsames Leben in der Materie ein. oder nicht. Sie kann jederzeit sagen: „Nein ich steige aus dem Deal aus. Ich will das nicht, das passt mir gerade nicht." Die Beziehungen im neuen goldenen Zeitalter basieren auf der bedingungslosen Liebe. Über das Mitgefühl, die Barmherzigkeit und die Gnade. Der andere muss so anerkannt werden, wie er ist. Dann ist es wirklich ein Schwelgen, eine Innigkeit, eine einzigartige Präsenz. Es kommt darauf an, was der andere in seinem Leben für Erfahrungen gemacht hat. Wer das Ego gepflegt hat, über Macht und Manipulation agiert, oder wenn die Verbindung nicht über das Mitgefühl läuft, wenn die Liebe nicht mehr der bindende Funke ist, der Strahl, dann wird die Beziehung wieder getrennt. Weil nicht mehr vorgesehen ist, dass der eine Macht ausübt und der andere in einer Opferhaltung ist. Das ist eine Bewusstseinsentwicklung, die gerade stattfindet. Wir bewegen uns auf das goldene Zeitalter zu: Zurück zur Quelle. Zum Ursprung. Zurück zur bedingungslosen Liebe. Alle Abhängigkeiten und Machtspiele werden neutralisiert und aufgehoben. Wenn der andere sagt: „Nein ich will nicht!", dann findet die Begegnung statt, aber die Engel können nichts machen, weil der freie Wille jeder Seele heilig ist. Sie können nur Fürsprache halten mit der Seele, aber sie dürfen in den freien Willen nicht eingreifen. Besagter Mann und ich - hatten viele Inkarnationen zusammen erlebt. Das sahen wir während der Ausbildung. Mal als Mann, mal als Frau. Mal als Paar, mal nicht. Einmal war ich seine Magd gewesen - zurück bis nach Atlantis immer in der Opferhaltung. Die Hochkultur in Atlantis war zerbrochen, als Manipulation und Habgier Oberhand gewannen. Ich war immer diejenige gewesen, die die Arbeit gemacht hat, und er der Pfau. Dieses Spielchen wollte ich jetzt nicht mehr mitspielen. Ich hatte es auch mit anderen Männern erlebt: Eine gewisse Verbundenheit war da, aber sie haben durchweg versucht, mich als Frau zu benutzen. Meine Seele hatte das so erleben - erfahren wollen. Auch ich habe den freien Willen: „Mache ich nicht mehr! Will ich nicht mehr! Ich habe genug von dem Spiel, ich steige aus!" Nach so vielen Inkarnationen wollte ich mein Potential, meine Weiblichkeit und mein Wissen nicht mehr zur Verfügung stellen und mich benutzen oder ausnutzen lassen. Wird die Begegnung mit dem Dual zu schmerzhaft greift die geistige Welt ein und die Wege trennen sich wieder. Denn von der

74

Quelle ist nicht vorgesehen, dass die Seelen weiter über Schmerz, Entbehrungen, Hass und Verachtung Erfahrungen machen. Auch die menschliche Verkörperung soll über den Trennungsschmerz keine Erfahrungen sammeln, oder Leiden. Während der Ausbildung haben wir viel mit der Christusenergie gearbeitet, welche auf Vertrauen, Respekt, Wertschätzung, Mitgefühl aller Wesen und der Erde zum Wohle aller beruht. So fand in mir ein Bewusstseinswandel statt, und ich habe gelernt gut für mich selbst zu sorgen. So konnte ich meine innere Freiheit, meinen göttlichen Funken – den Christuskristall und mein Christusbewusstsein entfalten. Das neue goldene Zeitalter beinhaltet Liebe, Leichtigkeit, Freude, Fülle und Mitgefühl. Es war noch nicht die rechte Zeit für mein Dual und mich. Ich durfte noch weiter meine innere Unabhängigkeit entwickeln, um auch mit mir selbst in Liebe und Mitgefühl zu bleiben, meine innere Freiheit. Erzengel Michael stand mir in dieser Zeit zur Seite mit Gesprächen und Erklärungen, mit Rat und Tat. Zu meinem Schutz und Wohlergehen wurde die Verbindung zu meinem Dual getrennt, damit ich mein wahres Potential würde entfalten können. Doch ein Teil von mir, wollte nicht hören: Ich litt, alles schmerzte, alles tat weh. Ich sagte zu Erzengel Michael: „Ich möchte mein Dual wiedersehen." Erzengel Michael: „Dann fahr in den Burgau – Park". „Das ist ein Einkaufzentrum, was soll ich denn da?" Aber ich hatte ja gelernt, auf den Rat der Engel zu hören, auch wenn der Verstand zunächst protestierte. Ich stieg also aufs Rad. Bei strahlendem Sonnenschein bin ich losgefahren. Unterwegs hat es dann angefangen, wie aus Eimern zu schütten. Mengen von Regen. Ich nahm Unterschlupf in einer Kirche, wartete den Regen ab und meditierte. Mein Körper fing wieder an zu vibrieren und zu zittern, alle Zellen im Körper. Seltsam. So hatte es sich immer angefühlt, wenn mein Dual in der Nähe war. Und mir wurde schlecht. Inzwischen hatte der Regen nachgelassen und ich fuhr weiter. Dieses Gefühl, dass mein Dual ganz nahe war: das Zittern in meinem Körper hielt weiter an und *mir war übel. Als ich auf dem Parkplatz ankam, zog mich etwas wie magisch an: das Auto, sein Kennzeichen! Erst glaubte ich, mich zu irren. Das konnte doch nicht sein? Hinten im Wagen kläffte ein Hund. Ich ging näher ran, auf die Fahrerseite. Der Hund kläffte lauter, diesmal vor Freude. Wir beide kannten uns ja, aus der Schweiz. Nein, das kann nicht sein, so wieder mein Verstand. So* stand ich auf der Fahrerseite als mein Dual um die Ecke kam, mit einer Frau. Sie *ging zur Beifahrerseite und stieg ein.* Ohne mich wahrzunehmen. *Ich war verblüfft wie ähnlich sie mir sah. Ich stand da wie angewurzelt. Mein ganzer Körper zitterte und mir war so schlecht. Mein Dual nahm mich und mein Fahrrad und schob mich zur Seite. Er schaute mir ins Gesicht, lächelte: „Du nicht!" Er schob mich und das Fahrrad weiter zurück, stieg in sein Auto und fuhr los. Ich musste aufpassen, dass er mich nicht auch noch überfuhr. Die Übelkeit nahm Überhand. Ich zitterte so sehr, dass ich mich setzen musste. Die Erklärung von Erzengel Michael ließ nicht lange auf sich warten: „Ich weiß gar nicht, was du willst. Du hast ihn wiedergesehen. Und er kam bei dir vorbei." Die Macht der Worte. Alles hatte sich erfüllt, nur nicht so wie ich es mir gewünscht hatte. Auf diese Weise erhielt ich viele weitere „Schulungen" aus der geistigen Welt. So lernte ich die Regeln und kosmischen Gesetze kennen.* Lernen durch Tun *und Erleben. Manchmal ist es so, dass die Seele einen schmerzhaften Prozess durchlaufen muss. Dadurch werden Verstrickungen und alte überholte Denk- und Verhaltensmuster gelöst. Erst im Nachhinein kann die Befreiung und Erlösung erkannt werden.*

UMZUG und SELBSTHEILUNG

Zwei Tage nach diesem Ereignis musste ich aus meiner Wohnung raus, die hatte ich ja gekündigt! Ich hatte mein Dual wieder gesehen und er kam bei mir vorbei. Es war vorbei, es war zu ende. Die Verbindung war zu meinem Wohle und Schutz von der geistigen Welt getrennt worden. „Was jetzt, ihr Engel?" Ich musste ja irgendwohin. Die Realität hatte mich wieder. Beide Mädchen waren auswärts, zum Lernen. Meine ältere Tochter teilte mir mit, dass sie jetzt frei sein wolle. Die Engel und mein Gängelband, das reichte ihr jetzt. Sie wollte eine Ausbildungsstelle, so weit weg von mir, wie es nur ging. So weit weg von mir, wie es nur ging waren 500 Kilometer. Ich habe ihr ein Zimmer besorgt und weg war sie. Meine jüngere Tochter ging schon immer ihren eigenen Weg. Da war auch ich frei! Wieder frei. Eine kleine Zimmerwohnung wollte ich, damit niemand mehr bei mir einziehen konnte. Kein Hotel Mama. Keiner sollte kommen! Nur ich alleine. Schon am nächsten Tag fand ich eine Wohnung und eine Anstellung in der Altenpflege. Einmal angerufen, so schnell ging das: „Ja wir nehmen Sie gerne!" Kein Gedanke daran wieder in die Schweiz zu gehen! Da war ich nun. Mit mir alleine! Ich habe in Demut und Gnade dagesessen und den Trost der Geistigen Welt erfahren. Vieles wurde mir bewusst und Zusammenhänge wurden mir klar. Da war ich nun mit mir und der geistigen Welt. Um meinen Schmerz über die Trennung von meinem Dual zu bewältigen, habe ich einen Heiler aufgesucht. Ich habe mehrere Sitzungen in Anspruch genommen, um auch die Themen mit meiner Mutter zu bearbeiten. Während einer Behandlung zeigte sich folgendes Bild: „Um meinen Hals war ein dickes Seil gebunden und an dem Seil hing ein riesengroßer Mühlstein. Das andere Ende des Seils hielt meine Frau Mama in ihren Händen. Mehrere Bilder zeigten, wie sie mir immer wieder die Luft zum Atmen nahm. Als ich etwa zwei Jahre alt war, hatte sie mich wirklich gewürgt. Daher also meine Angst vor ihr. Erzengel Michael schnitt während der Sitzung nun das Seil von meinem Hals und übergab ihr den Mühlstein: Nimm zurück, was du deiner Tochter an den Hals gehängt hast! Wutentbrannt schleuderte sie den Stein auf Erzengel Michael. Soweit es für mich möglich war, habe ich die Situation in Liebe und Mitgefühl gelöst. Im Vertrauen der Geistigen Welt habe ich ein neues zu Hause gefunden. Und ich lernte die beiden Welten miteinander zu verbinden. Schritt für Schritt kam ich nun in meiner eigenen Freiheit an.

MEINE MAMA STIRBT

Kurz darauf rief mein Vater mich an. Er bräuchte meine Hilfe, denn meiner Mama ginge es schlecht. So bin ich hingefahren. Sie saß nur noch im Sessel, aber ihre Zunge funktionierte wie früher. Böse Worte und Beschimpfungen gingen auf mich nieder. Nach wenigen Wochen kam sie zum Liegen und ist aus ihrem Bett nicht mehr aufgestanden. Trotz allem habe ich sie versorgt – gewaschen und gewindelt. Sie hat nicht zugelassen, dass Fremde zur Hilfe ins Haus kamen. Ich habe ihr die Regenbogenbrücke gebaut, das Licht für sie gehalten und sie mit den Engeln vertraut gemacht, imaginär. Und was hat sie gemacht? Sie hat mich weiter beschimpft. Mich und die Engel auch. Sie war so voller Hass und Wut. Kurz vor ihrem Ende gab es eine Episode, die ich nicht vergessen kann. Ich hatte sie gerade gewaschen und gewindelt, da ist sie mit letzter Kraft hochgeschossen und hat sich an meinem Hals festgekrallt. Ich konnte mich nicht befreien und sie hat mich beschimpft: „Du, du schon wieder - du Vieh!" Mein Bruder kam herein und löste ihre Finger von meinem Hals. Ich habe ihr dann Musik vorgespielt, Klaviermusik, die sie so gemocht hat. Beim Umlagern hauchte sie: „Ich sterbe allein!" Und so kam es auch. Es war Sonntag und die ganze Familie hatte sich versammelt. Alle waren gekommen. Mein Vater und ich waren wochenlang nicht aus dem Haus gegangen als er sagte: „Lasst uns einen Spaziergang am See machen." Während des Spazierganges gab es einen Augenblick, da hielten alle gleichzeitig für einen Moment inne. Alle blieben stehen. Als wir wieder zuhause ankamen, läuteten die Kirchenglocken. Meine Frau Mama war gegangen, sie war gestorben – alleine, so wie sie es gewollt hatte. Voller Wut und Hass.

Die geistige Welt spricht – ÜBERGANG

Es ist nicht wichtig, immer im Frieden zu sein, alles zu lösen. Wut und Hass sind starke Emotionen und haben eine große Kraft. Manche Menschen sterben so wie sie gelebt haben. Ist jemand noch nicht bereit, zu vergeben, *hat er noch genügend Zeit, die Lektion in einem anderen Leben zu lernen. Im Sterbeprozess wird die Seele abgeholt und begleitet. Nach dem Heilschlaf kommt sie gemeinsam mit Gleichgesinnten auf die Bewusstseinsebene, die ihrer Entwicklung entspricht. Es hat gar keinen Sinn alle befrieden zu wollen. Die Seele will Erfahrungen sammeln und hat den freien Willen. Entweder nimmt sie die Liebe und das Mitgefühl an oder nicht. Warum bin ich mit meiner Mutter inkarniert, die mich so verletzt hat? Sie hat mir das Leben geschenkt, doch sie wollte mich nicht leben lassen? Die Erklärung der Engel: Dein Vater und du, ihr hattet schon viele Inkarnationen mit ihr gemeinsam. Durch euch beide hatte sie eine Möglichkeit, bedingungslose Liebe zu erfahren.* Und ihr beide durftet durch sie lernen, *euch abzugrenzen, in der Liebe zu bleiben und euren eigenen Raum einzunehmen. Und so war dieses Kapitel für mich auch zu Ende.*

MEINE PRAXIS - ich war FREI – OHNE VERPFLICHTUNG

Es hat nicht lange gedauert - ein halbes Jahr vielleicht - in dem meine Seele noch geweint hat, dann sagte Lord Sananda, eine kosmische Form der Christus - Energie zu mir: „Es geht weiter! 2010 ist das Jahr der Seele, reihe dich ein in den Kreis der Heiler!" Die Altenpflege allein füllte mich nicht aus. In der Stadt gab es einen Engel- Verein, in dem sich Therapeuten vernetzten und austauschten. Da wurde ich Mitglied. So stellte ich Kontakte her, um Heilarbeit zu machen, das hatte ich ja in der Schweiz gelernt. „Gut, was brauche ich? Was soll sich manifestieren? Ein Praxisraum, eine Person die meine Webseite erstellen und meine Flyer entwerfen würde. Ich nahm mir Zeit und richtete mich darauf aus. Schon nach kurzer Zeit stellte sich das Gewünschte ein. So habe ich mir den äußeren Rahmen erschaffen.

ANLEITUNG zum MANIFESTIEREN

Jede bewusste Manifestation beginnt mit einer klaren Absicht. Das Geheimnis besteht darin, die Gedanken bewusst auszurichten.

Was brauche ich? Was wünsche ich?

Aus dem Herzen heraus, nicht aus dem Ego.

Sei ruhig und höre zu – lausche in dich hinein,sei dir klar darüber, was du willst.

Entspanne dich und visualisiere wie du erhälst, was du dir wünschst.

Schwinge dich auf das ein, was du manifestieren möchtest.

Habe totales Vertrauen darin, dass es auf dem Weg zu dir ist.

Halte an deiner Vision fest und sprich OM für seine Manifestation.

Unternehme alles was notwendig ist, wirf deine Angel aus in den himmlischen Ozean.Schwinge deine Frequenz auf deine Vision ein und sie wird sich in deiner Realität manifestieren.erzähle möglichst vielen Menschen, was du brauchst.

Sich ausgiebig über seinen Wunsch zu äußern ist die treibende Kraft, die ihn über die physische Ebene hinaus in die Dimensionen hebt. Doch sollte eine Manifestation zu Beginn nur der Schöpfung und den daran beteiligten Personen, welche positiv denken mitgeteilt werden. Ängstliche und zweifelnde Kommentare und Gedanken können hinderlich sein.

Lichtbahnentherapie - Heilung durch MITGEFÜHL - EMPATHIE und LIEBE

Ganzheitliche Meridianbehandlung und Lichtbahnentherapie beruht auf der traditionellen chinesischen Medizin, TCM in Verbindung mit der Geistigen Welt und der Christusenergie. Der Klient liegt bekleidet auf der Liege und wird von Kopf bis Fuß an den Nadis - Akupressurpunkten - berührt. Es stellt sich ein tiefer Entspannungszustand ein, bei dem man gleichzeitig hellwach ist. Mit dieser Behandlung verbessert sich das seelische und körperliche Wohlbefinden maßgeblich. Die Lichtbahnentherapie ist eine einfache und doch wirkungsvolle Therapie, weil sie durch sanftes Berühren eine wohltuende Anregung und Harmonisierung der Lebenskraft bewirkt. Der Stoffwechsel wird aktiviert, Blockaden lösen sich. So kann ich heilend auf Krankheiten und Schmerzen des Körpers und der Seele einwirken. Eine wesentliche Voraussetzung für diese Heilbehandlung ist die Zuwendung und Liebe. Aus diesem Grund wählte ich die Ausbildung in der Schweiz. Lichtarbeit verlangt vom Therapeuten innere Ruhe und Zeit, sich dem Mitmenschen zu widmen. Ein offenes Herz - Chakra – das Liebeszentrum in der Mitte der Brust - schenkt Mitgefühl und

Wertschätzung für den Hilfesuchenden. Das strömende Licht ist ein Liebeslicht. Lichtbahnenheilung heißt, sich in den Dienst der allumfassenden bedingungslosen Liebe zu stellen. Und genau das wollte ich tun. Es sind nicht die eigenen Kräfte, die übertragen werden, sondern der Behandler wird zum Kanal für das göttliche Licht", das so beschaffen ist, dass es spürbar Heilung bewirkt. Die bei einer Behandlung aus den Händen ausströmenden Lichtstrahlen dringen sanft und lösend in die Energiebahnen des zu Behandelnden ein, um neue Impulse von Licht und Lebenskraft zu geben. Körper und Seele leben durch das kosmische Licht. Das ist nichts Außergewöhnliches: Jedes Atom schwingt durch diese Kraft. Liebe fließt, Liebe strömt, Liebe will Einheit, zurück zur allumfassenden bedingungslosen Liebe. Heilenergie löst alle Verdickungen und Blockaden, die den freien Fluss der Lichtbahnen hemmen. Durch tägliche Meditation und stille Gebete bin ich empathisch mit der hohen Lichtschwingung der Engel, die bei jeder Behandlung anwesend sind, verbunden. So beurteile ich nicht, ob etwas gut oder schlecht ist. Ich nehme nur wahr und warte geduldig, bis sich Blockaden auflösen. Es wird nicht beurteilt und kritisiert. Blockaden und die Ursachen von „Fehlhaltungen" die im Leben des Klienten auftreten werden gelöst, soweit es der Klient zu lässt und es seiner Entwicklung dient. Die Engel wirken mit, indem sie mit inniger Liebe und Freude zwischen der Weisheit Gottes und unseren Lichtkörpern vermitteln. Im Lichtbewusstsein gibt es keine Manipulation, der Eigenwille ist ausgeschaltet, alles obliegt der höheren Weisheit. Verbindung im Lichtbewusstsein bedeutet Heilung durch Mitgefühl, Empathie und Liebe. Ich habe eine Praxis eröffnet und meine Meridian – Lichbahnenbehandlungen angeboten. Alles hat sich schnell gefügt. Ich brauchte selbst so gut wie keine Werbung zu machen. Durch die Lage im Ärztehaus sind die Leute bei mir ein und aus - spaziert. Zwei Jahre gingen ins Land und es lief richtig gut. Neben meiner Praxis habe ich mir ein ganz neues Leben geschaffen. Ich hatte meine zwei Zimmer und meine

Ruhe. Keiner zog bei mir ein und keiner rief mich an! Herrlich! Ich war frei und genoss das Leben.

Wieder Meine Tochter und die NIERE – NEUE LEKTIONEN

Meine ältere Tochter und ich haben uns ab und zu besucht. Die jüngere ging ihren eigenen Weg. Manchmal sind wir auch gemeinsam zu meinem Vater gefahren. Gesundheitlich ging es meiner Tochter gut. Sie hatte alles alleine geregelt, dreizehn Jahre lang - ohne Immundepressiva. Nachdem wir damals die Medikamente - immer im Kontakt mit den Engeln - runtergefahren hatten, war sie auf ein homöopathisches Blutdruckmittel umgestellt worden. Als sie noch das Kind gewesen war und ich das Sagen hatte, fragten wir immer rechtzeitig alles ab: „Niere, was brauchst du? Angelo, was sollen wir tun?" Und Angelo hat seine Ansagen gemacht. Wir haben viel ausbalanciert über Tees und haben immer wieder auch die geistige Ausrichtung überprüft. Doch nun war alles anders. Das Kind war weit weg gewesen und erwachsen geworden. Sie war selbstständig und hat mich nicht mehr „gucken" lassen. Auch energetisch nicht. Sie war mittlerweile ja schon einundzwanzig und wir haben uns selten gesehen. Sie hatte ihr eigenes Leben, das war ja auch ihr gutes Recht. Ich wollte sie ja keineswegs kontrollieren, wie meine Mutter mich! Aber irgendwann habe ich einfach bemerkt, dass etwas nicht stimmte. Sie kam zu Besuch und ich fragte: „Was ist los?" Ich habe „gesehen", dass die Niere angeschlagen, dass sie angegriffen war. „Ja, es stimmt was nicht. Mir geht's nicht gut." Wir haben eine Heilpraktikerin aufgesucht und sie hat mit ihr eine Entgiftung gemacht. Alles hat sich wieder stabilisiert. Und – aus den Augen, aus dem Sinn. Meine Tochter hat mich nicht mehr angerufen und auch nicht mehr nachschauen lassen. Dann kam die Zeit, als mein

Vater sich auf den Weg machte, zu sterben. Meine Tochter und mein Vater, sie waren ganz eng verbunden, auch in der Zeit, als ich außen vor war. Die beiden hatten eine ganz enge seelische Bindung. So hat sie auch schnell gespürt, dass er seinen letzten Weg antrat. Und als sie das bemerkt hat, da hat sie angefangen im Energiefeld ihres geliebten Opas zu wirken. Sie hat angefangen mit ihm zu arbeiten. Der Zauberlehrling! Bei meinem Vater hatte sich die Lunge langsam zugesetzt, und er hatte Herzprobleme. Meine Tochter hat versucht, ihm das energetisch wegzunehmen, damit er nicht gehen muss. Sie hatte aber nicht die Erlaubnis der geistigen Welt! Und sie wusste nicht oder übersah absichtlich, dass sie eine Krankheit eins zu eins übernehmen würde, wenn sie unerlaubt ins System des anderen eingriff. Da gibt es ein kosmisches Gesetz. Wenn jemand eine Heilung vornimmt, die im kosmischen Plan des anderen nicht vorgesehen ist, im Seelenplan, dann ist das eine Handlung wider Erlaubnis, und dann muss er das, was im anderen nicht zum Tragen kommt, selbst übernehmen. Er muss es dann ausagieren, ausbalancieren. Meine Tochter hatte ihre Schwachstelle mit der Niere und hat auch niemanden mehr danach gucken lassen. Zusätzlich hat sie die Erkrankungen meines Vaters auf ihren Körper gezogen. Und das ging nicht lange gut. Eines Tages stand sie bei mir vor der Tür: „Hilf mir! Ich kann nicht mehr!" Sie hatte schon richtig Herz - Aussetzer zu der Zeit, Wasser in der Lunge und ist immerzu umgefallen. Alles von meinem Vater übernommen, und ihr eigenes Nierenthema obendrauf. Sie hatte ja niemanden ins Vertrauen gezogen und alles im Verborgenen getan. Sie war erwachsen und hatte den freien Willen. Freitagnachmittag war es. Wieder einer dieser speziellen Freitagnachmittage. Kurz vor Weihnachten. Sie kam an und konnte schon nicht mehr richtig die Treppe hoch gehen. Sie keuchte. Ich scannte ihr Energiesystem ab und begann an den energetischen Schnüren und Verstrickungen zu ziehen. Erzengel Gabriel sagte: „Es ist dir nicht erlaubt, einzugreifen!" Ich dachte: „Sch......" und zog weiter. Er ermahnte mich erneut und ich bat darum, meiner Tochter helfen zu dürfen. „Dein Bonus ist aufgebraucht! Hör auf!" sprach Erzengel Gabriel. „Deine Tochter darf lernen, für ihr Handeln selbst die Verantwortung zu übernehmen." Ich sagte zu meiner Tochter: „Was hast du denn gemacht?" Sie: „Ich habe mit dem Opa gearbeitet, ich wollte ihm nur helfen. Ich will nicht, das er geht! Ich habe ihn doch so lieb." Ich sagte: „Kennst du denn die Regel nicht?" Sie: „Ne, das hätte ihr keiner gesagt. Und da das Sterben für sie ja kein Problem ist, käme sie ja immer wieder rein in ihren Körper." Sie rutschte ja von einer Ebene in die andere, einfach so. Sie hatte das während ihrer Krankheit zur Genüge geübt. Meine andere Tochter kam auch zu Besuch. Ich dachte: „Was jetzt? Hilf deiner Schwester! Rede du mit ihr." Aber bei meiner älteren Tochter ging nichts mehr. Ich musste die DMH anrufen, die Dringende Medizinische Hilfe und die haben sie mit Blaulicht abgeholt. Ich durfte sie begleiten. Dann ging alles sehr schnell. Sie haben sie sofort ins Koma verfrachtet, einen Check gemacht, die Krankengeschichte angeschaut, einen Zugang gelegt und erst mal Dialyse mit ihr gemacht. Idiotensicher. Ich dachte: „Das kann doch jetzt nicht wahr sein!" Ich rief: „Das ist aber diesmal nicht die Niere! Gucken Sie mal nach den anderen Werten!" „Nein, wir machen das jetzt so!" Ich war stinksauer! Auf meine Tochter, auf mich selbst und auf die Ärzte. „Wenn sie jetzt stirbt in dieser Nacht – ich mache nichts mehr!" schwor ich mir. Ich steige aus dem Angstprogramm aus. Dann bin ich vom Klinikum bis nach Hause gelaufen. Mitten in der Nacht. Viele Kilometer waren das. In der Eiseskälte. „Bis ich zuhause bin, ist sie vielleicht schon gegangen." sagte ich zu mir. „Es tut mir leid! Ich kann nicht mehr! Ich kann mich nicht mehr ins Krankenhaus setzen. Diesmal macht ihr den Sch.... alleine! Wenn sie jetzt stirbt, während ich nicht da bin, dann ist es eben so!" Immer war diese Angst in mir gewesen, dass meine Tochter stirbt, ohne richtig gelebt zu haben. Am frühen Morgen riefen sie vom Krankenhaus an. „Schön", dachte ich, „das kann ich jetzt gut haben! Jetzt ist sie gegangen!" NEIN! Sie würden meine Tochter noch zwei, drei Tage im künstlichen Koma lassen, hieß es, damit sich der Körper erholen könne. Nachdem meine Tochter aus dem künstlichen Koma erwachte, wurde sie wieder in eine Uni - Klinik verlegt. Als sie sagte, dass sie mit den Engeln arbeite und keine Immundepressiva und Medikamente nehme, wurde es ganz schlimm. Da war ein pflichtbewusster Oberarzt, der ihr in der Nacht den psychologischen Dienst auf den Hals gehetzt hat. Mitten in der Nacht, unter Medikamenten, auf der Intensivstation wurde festgestellt, dass sie nicht in der Lage sei, ihren Gesundheitszustand optimal wahrzunehmen und einzuschätzen. Als Folge haben sie ihr einen gesetzlichen Betreuer verordnet. Ganz schnell ging das. Gegen ihren Willen! Ich habe mehrmals im Klinikum vorgesprochen und darum gebeten, sie zu entlassen, damit wir eine andere Behandlungsform in Anspruch nehmen könnten. Aber selbst ein Anwalt konnte meine Rechte nicht durchsetzen und geltend machen. Bei der Polizei habe ich eine Anzeige erstattet und wurde vertröstet. Selbst, wenn sich der Gesundheitszustand ihrer Tochter durch die Behandlung verschlechtert, werden wir ihre Anzeige nicht aufnehmen und schon gar nicht gegen den Arzt vorgehen. Mit Hilfe der Engel hatte ich einen Arzt kontaktiert, der Organbesprechungen durchführte und einen schnellstmöglichen Termin vereinbart. Meine andere Tochter kam zur Unterstützung mit ins Klinikum, um meine Tochter für diesen Termin abzuholen, welcher sogar durch einen Anwalt angekündigt war. Doch meine Tochter konnte sich nicht dazu entschließen mit uns zu kommen. Denn die Schwestern und der behandelnde Arzt rieten ihr davon ab. Und so blieb diese Chance auf Heilung von meiner Tochter ungenutzt. So gingen meine andere Tochter und ich nach kurzer Zeit wieder. Ich war enttäuscht und am Ende meiner Kraft. Das reicht jetzt! Täglich bat ich die Engel um Hilfe und Schutz. Ich durfte lernen den aktuellen freien Willen meiner Tochter und die Situation so anzunehmen wie sie war. Inzwischen war es im Klinikum soweit gekommen, dass ich keinen Zugang zu meinem Kind mehr bekam, weil ich den Ablauf gestört hatte und als gefährlich für sie eingestuft wurde. Als gesundheitsgefährdend. Ich hätte ihr diese Ideen „eingeblasen". Ich durfte nicht mehr auf die Station. Im Klinikum haben sie sechs Wochen Therapie mit ihr gemacht und am Ende war sie fix und fertig. Da hing sie dann wirklich an der Dialyse. Der ganze Körper war kollabiert. Nach sechs Wochen waren die Kosten erschöpft. Wohin jetzt mit diesem Kind? Die gesetzliche Betreuung hatte die Gesundheitsfürsorge und das Aufenthaltsrecht – ich war ja für gefährlich erklärt worden! Doch jetzt waren sechs Wochen um, jetzt musste sie irgendwohin. Die Wohnung meiner Tochter hatte die Betreuerin gekündigt. Die einzige Möglichkeit sei, dass sie bei mir wohnen würde. Ich sei ja die Mutter. Und es wurde genehmigt, dass sie unter Aufsicht bei mir wohnen könnte. Mit einer Betreuerin und einem Pflegedienst, die jeden Tag kamen und ihr die Medikamente verabreichten. Ich hatte kein Zimmer für sie, noch nicht mal ein Bett. Wir mussten zusammen in einem Bett schlafen. Ich war zwar als gefährlich eingestuft - aber sie durfte bei mir wohnen. Es ging direkt gut los. Sie rief: „Ich gehe nicht mehr hin zur Dialyse! Ich will das nicht!" Einmal waren wir ein bisschen spät dran, da kam schon die Polizei und hat meine Tochter zur Dialyse abgeholt. Aufgrund eines Anrufs der Betreuerin. Leider konnte sie die Kinderdialyse nicht mehr in Anspruch nehmen, dafür war sie inzwischen zu alt. Sie musste die Dialyse in Anspruch nehmen, die dem Wohnort am nächsten war. Das war ein Standort, der der aus meiner Sicht nicht die richtige Behandlungsform für meine Tochter bereitstellte. Sie haben dort zwar „nett" mit ihr dialysiert, doch sie bekam ständig Nasenbluten. Die Gefäße sind geplatzt und ihr Körper kollabierte. Je mehr sie dialysiert haben, desto mehr verschlechterte sich ihr Gesundheitszustand. Sie war schließlich so geschwächt, dass sie nicht mehr laufen konnte. Ich fragte meine Tochter: „Wollen wir jetzt nicht mal was anderes machen?" Gemeinsam haben wir mit der Dialyseärztin gesprochen. „Ja, machen wir." Ich schlug vor: „Es gibt doch zum Beispiel anthroposophische Kliniken, alternative Behandlungsformen." Sie: „Alles Humbug! Das geht gar nicht!" Ich wurde vom medizinischen Dienst vorgeladen und meine Gesinnung wurde geprüft. Anstatt sich zu vernetzen und zum Wohle des Patienten zu agieren, wurde jeder Vorschlag geblockt. Der Gesundheitszustand meiner Tochter verschlechterte sich weiter. Handeln war angesagt. Gemeinsam überlegten wir, meine Tochter und ich und baten die Engel um Hilfe und Unterstützung. Entweder wir wechseln jetzt die Dialyse, und die Behandlungsform oder es wird immer schwieriger für sie! Angelo, ja langsam wird die Situation kritisch! So habe ich wieder die „Oberaufsicht" übernommen und bin mit ihrem Engel in Kontakt getreten. „Angelo?" Sie würde überhaupt nicht mehr zuhören. Denken, sie könne nach Belieben in den Körper rein und raus. Wüsste ja, wie es geht und ließe sich nichts mehr sagen. Wie Superwoman. Auch von ihm ließe sie sich nichts mehr sagen. Jede Seele hat den freien Willen. Das muss auch die geistige Welt akzeptieren und respektieren. Die Engel können nur Empfehlungen geben, der Mensch kann sie annehmen und sie umsetzen - oder auch nicht. Ich sagte zu ihm: „Na, dann lass sie doch jetzt gehen.""Huhuhu, ich will nicht gehen!", heulte meine Tochter dazwischen. Ich beruhigte sie: „Wir sehen uns doch wieder, egal auf welcher Ebene." Immer mal wieder hatten wir solche Gespräche über den Tod. Die Entscheidung, für welche Ebene, musst du selbst treffen!, und Sie entschied sich erneut für das Leben in der Materie. Die Zeit verging und keine Änderung kam in Sicht. Ihr Nasenbluten verstärkte sich. Mich hielten sie für gefährlich, aber sie durfte weiterhin unter Aufsicht und Betreuung bei mir wohnen. Mehrfach haben wir mit der Betreuerin und der Dialyseärztin das Gespräch gesucht, doch unser Anliegen wurde stets abgewehrt, und wir wurden vertröstet. Die Zeit drängte und Handeln war angesagt. Bei einem auswärtigen

Meditationsabend saß ich „zufällig" neben einer Frau aus Lübeck, und wir kamen ins Gespräch. So ergab sich die Verbindung nach Lübeck. Der Gesundheitszustand meiner Tochter verschlechterte sich weiter. Wir meditierten regelmäßig und baten die geistige Welt um Unterstützung. Bremen, Hamburg oder Lübeck nannten sie uns. Und unsere Wahl fiel auf Lübeck. Ich erkundigte mich nach Dialyseeinrichtungen, eine kleine private Einrichtung sagte zu. Als examinierte Altenpflegerin fand ich schnell eine Anstellung. Meine neue Bekannte schickte mir Anzeigen und beriet mich bei der Wohnungssuche. Mit ihrer Hilfe war die passende Wohnung schnell gefunden. Eine Jugendhilfeeinrichtung für meine Tochter fand ich auch, mit der ich telefonisch Kontakt aufnahm. Mit Unterstützung der geistigen Welt hatte ich also in kurzer Zeit den neuen Rahmen für uns geschaffen. Allein und ohne Führung wäre mir das nicht so schnell gelungen. Für mich ist es immer noch ein Wunder, wie leicht sich alles findet. Ist eine klare Entscheidung für bestimmte Zusammenhänge getroffen und das Ziel festgelegt, dann gewährt die geistige Welt alle erdenkliche Hilfe und Unterstützung. Wichtig ist die klare Entscheidung darüber, was gebraucht wird, sowie das Vertrauen und Tun dahinein. So war der Boden bereitet und ich habe den Umzugswagen bestellt. Meine jüngere Tochter half uns und hat den Umzugswagen in der neuen Wohnung entgegengenommen. Am dialysefreien Tag bin ich mit meiner älteren Tochter in die neue Wohnung eingezogen. Auch diesmal hatte ich mein eigenes Leben wieder hintenangestellt und alles für das Wohlergehen meiner Tochter aufgegeben. Ihre Krankheit bestimmte wieder mein Leben. Meine Heilertätigkeit ruhte. Gleichzeitig lernte ich so neue Lektionen über den Freien Willen – Kontrolle aufgeben und Annahme.

Nun waren wir also in der neuen Stadt, meine ältere Tochter und ich, und hatten alle Brücken hinter uns abgebrochen, so dachte ich. Nun waren wir räumlich noch weiter entfernt von meinem Vater. Seine körperlichen Leiden hatte meine Tochter zwar für ihn aufgelöst, aber er war ja auf dem Weg nach Hause in seinem Sterbeprozess. Dieser Prozess hatte sich dadurch nur verzögert. Am Geburtstag meines Bruders waren wir alle noch einmal bei meinem Vater zu Besuch. Wir alle hatten Geburtstag – mein Bruder, meine Tochter und ich, jeweils mit einer Woche Abstand. Und es sollte das letzte Mal sein, dass die Familie in dieser Konstellation zusammen war. Als ich ihn sah, den Otto, dachte ich: „Wer weiß, wie lange das noch dauert, er ist schon weit drüben." Ich habe mit ihm gearbeitet, und ihm den Weg hinüber gezeigt. Habe für ihn die Regenbogenbrücke aufgebaut und das Licht gehalten. Aber ich konnte ihm räumlich nicht mehr so nahe sein. Ich sagte: „Ich halte das nicht aus, ich kann nicht mehr! Körperlich kann ich ihn nicht begleiten. Ich kann nicht einfach zusehen, wie er stirbt. Ich bin froh, wenn wir wieder nach Hause fahren." Dann haben wir Geburtstag gefeiert, mit allen, die dort waren. Ich wusste, wenn ich jetzt fahre, dann sehe ich meinen Papa nicht wieder. Nicht in diesem Körper. Das wusste ich. Aber ich konnte nicht dabei sein, mein Schmerz wäre zu groß gewesen. Diesmal mussten wir zum Bahnhof laufen, sonst hatte mein Vater uns immer gefahren. Der erste Zug hatte eine Stunde Verspätung. Da hatten wir nochmals die Chance: Umkehren oder heimfahren? Ich habe nur noch geweint. So viele Emotionen zeigten sich: meine Wut, meine Trauer, mein Schmerz. Ich fragte meine Tochter: „Was machen wir jetzt? Wollen wir wieder zurück zum Opa?" „Was willst du denn, Mama?" „Ich fahre nach Hause." Einen Tag später rief mein Bruder an und fragte mich, was er machen solle. Der Otto habe ihn angerufen. Es sei ihm nicht gut gegangen, sodass mein

Bruder wieder zu ihm gefahren war. Und jetzt sei mein Vater zuhause umgefallen. Ich wusste, mein Bruder schafft das genauso wenig wie ich, meinen Vater zu begleiten. Ich sagte zu ihm: „Ruf den Krankentransport an!" Mein Vater ist ins Klinikum gekommen. Dort ist er nochmal aufgelebt. Da ist er sein ganzes Leben nochmal durchgegangen und richtig aufgeblüht. Ich habe ihm von zu Hause aus Energie geschickt und ihn begleitet. Auf der Seelenebene habe ich ihm gesagt: „Es ist alles gut." Seine Seele auf diese Weise zu begleiten, das konnte ich, aber körperlich bei ihm sitzen, das hätte ich nicht geschafft. Zu groß war mein Schmerz. Der Abstand tat mir gut, so konnte ich die Engel für ihn bitten, mit ihm reden, ihn beruhigen und für ihn die Regenbogenbrücke aufbauen. Dann kam mein fünfzigster Geburtstag - und in der Nacht spürte ich es schon. Am Morgen haben sie aus dem Krankenhaus angerufen: Es ist zu Ende. Das war's jetzt. Er ist gegangen! Er ist im Krankenhaus gestorben. Er hatte bis zum Schluss nicht „gelegen". Er ist eine alte Seele, da geht das Sterben schnell. Er hat einfach gesagt: „Ich gehe jetzt!" Einen Tag nach meinem Fünfzigsten bin ich hin gefahren. Und plötzlich flippte mein Bruder völlig aus. Was ich mir erlauben würde, Heideldidei zu machen, heimzufahren und ihn alleine sitzen zu lassen! Er würde mit all dem gar nicht fertig. Ich wäre ja unverschämt, ihn alleine zu lassen! Er ist richtig „böse" geworden. Sein Schmerz überwältigte ihn, angesammelter Hass und Wut sprudelten aus ihm heraus. Wir sind zusammen ins Klinikum gefahren, um unseren Vater zu verabschieden. Da saßen wir in einer Art Abstellraum, in den sie ihn „geparkt" hatten. „Dass sie sich nicht schämen!", dachte ich. Und mein Bruder flippte wieder aus: „Hier wird jetzt nicht OM gemacht!!! Auch kein Hokuspokus! Wenn du das vernünftig könntest, dann wäre er nicht gestorben! Und, und deine Tochter genau dasselbe! Hokuspokus macht ihr, und jetzt ist er tot! Und ihr wart noch nicht mal dabei!" So entlud sich sein Schmerz, und ich ließ ihn gewähren. Ich konnte seinen Schmerz fühlen und seine Angst verstehen. Doch ich wollte mich in

Ruhe von meinem Papa verabschieden. Ich sprach mit meinen Papa auf Seelenebene. Der Otto, der stand daneben, Seine Seele - wie erstarrt. Ich sagte: „Papa - reg dich bloß nicht auf!" Da kamen schon die Männer vom Beerdigungsinstitut, Papa sollte verbrannt werden. Mein Bruder brüllte immer noch. Ich wartete ruhig, bis seine Wut etwas verraucht war. Dann konnte er sich verabschieden und ging endlich aus dem Raum. Ich blieb noch einen Moment bei Papa. Ich sprach mit ihm: „Papa, ich hätte das nicht machen können. So ist es gut! Es ist gut so wie es ist." „Mächen", hörte ich meinen Papa sagen. Die Seele ist ja noch drei Tage ganz nah. Als wir draußen waren, hat mein Bruder wieder herumgebrüllt. Bei mir kam der Schmerz leise, bei ihm mit Gebrüll. Er konnte nicht anders damit umgehen. Es hat ihn alles so verletzt. Dann sind wir heimgefahren, zu meinem Vater ins Haus. Hinterm Haus hatten wir eine Terrasse. Da habe ich gesessen und gewartet, bis der Leichenwagen auf dem Weg zum Krematorium bei uns vorbeigefahren ist. Da kam mein Bruder raus und hat wieder gebrüllt. Ich saß auf der Treppe und habe auf den Papa gewartet, und mein Bruder hat gebrüllt. Das war schlimm. Ich sagte in ruhigem Ton: „Wenn du mich jetzt noch einmal anbrüllst, dann gehe ich. Und wenn du fertig bist mit Brüllen, in zwei Tagen, dann komm ich wieder." „Du kannst mich doch jetzt nicht alleine lassen. Ich sagte: „Brüllen kannste auch alleine. Und wenn du ausgebrüllt hast, dann können wir weitersehen." Er: „Bleib doch hier!" „Zumindest eine Stunde spazieren gehe ich jetzt. Dann komme ich wieder und wir regeln das mit der Beerdigung. In Ruhe" Als ich zurück kam sagte ich zu meinem Bruder: „Zur Verabschiedung machen wir jetzt richtig schön Kartoffelsuppe, nach Ottos Rezept." Ich war mir sicher, dass der Otto vor seinem Tod noch Zeugs fürs Essen gekauft hatte. Kartoffelsuppe war sein Lieblingsgericht, gekocht auf seine ganz bestimmte Art. Und tatsächlich hatte er dafür alles in der Küche. Da saß er dann auch mit uns am Tisch in der Küche, seine Seele. Mein Bruder hat weiter herumgebrüllt und mein Papa hat in der Küche gesessen und mit mir Suppe gegessen. „Das hast du aber schön gemacht!", freute er sich, „da kann ich jetzt in Frieden gehen." Auf Seelenebene haben wir noch kurz gesprochen, „Ja - Ruhe dich erst mal aus. Wird schon!" Wegen der Beerdigung hatten wir dann auch noch alles besprochen. Er wollte nicht den Dorfpfarrer. Und „Kirchenweiber" sollten auch nicht singen! „Ich weiß Bescheid, Papa. Ich mach das schon. Das wird sich alles machen lassen." „Ist gut, „Mächen.", sagte er. So war es dann auch. Es war die beste Beerdigung, die man haben kann. Es war ein Spaß! Ich habe in der Gemeinde angerufen, und der alte Pfarrer hatte zum Glück keine Zeit. Da kam der aus dem Nachbardorf, den kannte ich, der war gut drauf und für das Weltliche offen. So fügte sich alles. Er fragte uns: „Was sollen wir denn für Musik nehmen? Wie hätten Sie die Trauerfeier gerne?" Ich sagte: „Bitte nicht den Gesangsverein von hier. Und bitte eine prägnante Predigt. Sagen Sie bitte an, dass wir anschließend zum Trauerkaffee einladen. Ich möchte gerne zwei Musiker vom Theater bitten, den musikalischen Rahmen zu gestalten." Er fragte mich: „Kann einer auch Orgel spielen? Wir haben keinen Kantor." So fügte sich alles. Geistiges und Weltliches. Es wurde der schönste Tag, den man sich vorstellen kann. Die Sonne schien, früh am Morgen schon. Es war ein richtig goldener Frühlingstag. Alle kamen gut gelaunt in die Kirche. „Wir" auch. Otto saß vorne neben seiner Urne, da habe ich schon gelacht. Schick sah er aus, weißes Hemd und fesches Hütchen, das hat er immer zu speziellen Anlässen angehabt. Die Anzughose war hochgezogen bis zu den Knien und weiße Pumps trug er. Ich dachte, ich fall vom Stuhl! Karnevalsschick war das, richtig lustig. Er wollte gerne tanzen.

Ich sagte zu meiner Tochter: „Siehst du den Opa Otto? Guck doch mal, der sitzt da vorne in Pumps." Wir saßen in der ersten Reihe und haben beide gegrinst. Wir hatten unseren Spaß. Dem Otto hat es gefallen. Die Gesangsstimme, das machte was her. Das war der richtige Rahmen für Otto. Der Tenor sang für meinen Papa

„Ännchen von Tharau". Da hat der Otto getanzt in seinen Pumps, und wir haben gelacht. Ich sagte: „Papa, jetzt ist aber gut!" „Ach, Mächen, du hast mir so eine schöne Feier gemacht!" antwortete er. Ich: „Ja, hat sich doch gelohnt." Wir liefen nach draußen zu dem Urnengrab und haben uns drum herum aufgestellt. In dem Moment als die Urne versenkt wurde, da wurde es ganz dunkel. Die Sonne war auf einmal weg. Für einen Moment hielten alle inne und es war ganz still. Ich legte einen Kristall ins Grab: „Gute Reise!" Meine Tochter hatte ein Bild für ihn. Am Himmel ein goldener Bogen. Die Vögel haben gezwitschert und der Tenor sang noch einmal für meinen Papa, in einem schönen Wiesengrunde. Hinterher sind wir alle in die Kneipe gegangen – und haben geredet und gelacht. Geweint haben wir auch ein bisschen. All die Geschichten wurden erzählt, vom Papa und von uns als wir noch Kinder waren. Wir saßen mit der ganzen Großfamilie zusammen. Und er saß wieder da, der Otto, dem hat das gefallen. Er hatte eine schöne Feier, ganz in seinem Stil. Das war eine wirkliche Verabschiedung, wie die Seele sich das wünscht. Mit Respekt und ihm zu Ehren. Keiner hat „gebockt", es war wirklich im Einvernehmen und rund. In der Nacht nach der Beerdigung waren wir in seinem Haus und haben auch dort geschlafen. Christus kam zu mir und hat gesagt, ich solle mir keine Sorgen machen. Otto sei gut aufgehoben. Er wäre unser Lichtmeister gewesen, und jetzt müsste er sich erholen. Wir verbrachten noch zwei Tage dort im Haus und nach und nach ist seine Energie geschwunden. Papa meinte, dass das Haus ihm nicht wichtig sei, wir sollten lieber jeder unserer Wege gehen. Und er bat mich, gut auf meine Tochter aufzupassen. Wenn es an der Zeit sei, würde er sie abholen.

MIT Meiner TOCHTER IN der Neuen STADT - DEMUT und GNADE

Da waren wir nun also in der neuen Stadt. Alles war neu für uns, alle Brücken hinter uns abgebrochen. Der Dialog mit Angelo setzte wieder ein. Er besprach mit meiner Tochter auch ihr unerlaubtes Eingreifen in den Körper meines Vaters. Er erklärte ihr eindringlich die Regeln, das kosmische Gesetz: derjenige der in den Prozess eingreift und etwas entfernt, bevor die Seele die Lernaufgabe beendet hat, muss das Schicksal = die Krankheit übernehmen und selbst ausgleichen. Bis meine Tochter sich wieder stabilisiert hatte, übernahm ich ein Stück weit wieder die Führung. Ich hatte meine neue Arbeitsstelle in der Altenpflege angetreten und unser Einkommen war gesichert. Wir sprachen gemeinsam bei der Jugendhilfe vor. Meine Tochter erhielt von dort Unterstützung und ein Vorstellungsgespräch in der Einrichtung. Nach kurzer Zeit ist sie bei mir ausgezogen, in ein Betreutes Wohnen. Sie wollte wieder frei sein , wieder mit jungen Leuten zusammen sein. Bei Gericht konnten wir den bestehenden Betreuungsvertrag auflösen. Meine jüngere Tochter wurde als Familienangehörige bevorzugt und übernahm von nun an die gesetzliche Betreuung für die ältere. In der neuen Stadt vertrug meine Tochter die Dialyse viel besser. Nach kurzer Behandlungszeit dort haben die Blutungen aufgehört, und ihr Gesundheitszustand hat sich gefestigt. Der anthroposophische Arzt hatte ihre Medikamente umgestellt und das Kind war wieder richtig gut drauf. Mit Hilfe und Unterstützung der geistigen Welt hatten wir in kurzer Zeit unser Leben verändert und eine Stabilität hergestellt. Wir lebten uns ein - jede auf ihre eigene Weise - und genossen das Leben. Zwar meditierte ich jeden Tag zuhause, doch meine Heilertätigkeit ruhte. Die Zeit sollte erst noch kommen. Mit der Zeit wurde meine Tochter in ihren Betreuten Wohnen immer unzufriedener. Ihr Gesundheitszustand schwankte wieder. Mehrere Male wurde sie ins Klinikum eingeliefert. Das waren die Zeiten, in denen sie sich sehr auf mich stützte und auf meine Unterstützung angewiesen war. Meist rief sie mich in Notsituationen, in allerletzter Minute an: „Mama hilf mir!". Aber sie wollte auch nicht mit mir zusammen meditieren. „Ich mach das schon selbst.", sagte sie. Mit Angelos Hilfe gelang es mir meist, den Gesundheitszustand wieder zu balancieren. Doch immer die Feuerwehr zu spielen, war nicht sehr angenehm für mich. Ich suchte nach Auswegen und fand die Stiftung „Auswege", für chronisch kranke Kinder. Die organisieren Heilwochen für chronisch kranke Kinder mit unterschiedlichen Heilern. Die Behandlungen finanzierten wir gemeinsam. Meine Tochter war einverstanden und ich dachte; das ist die Chance auf Heilung für sie! Ich beantragte Urlaub und wir sind in den Schwarzwald gefahren. Dort gab es eine Vorstellungsrunde der Heiler. Die Patienten konnten sich aussuchen, mit wem sie gerne arbeiten wollten. „Den nehm ich!", sagte meine Tochter als ein fescher junger Mann sich vorstellte. „Okay, gebongt, trage dich auf seine Liste ein." Sagte ich und hielt mich vornehm zurück. Bei der ersten Sitzung fragte er, ob ich dabei sein würde. „Ja", sagte ich, „das kann ich gerne. Aber ich halte mich aus den Behandlungen raus." Bei den Sitzungen ging es zuerst um das innere Kind, um die Geschichte mit ihrem Papa. Bei diesem Heiler war sie in guten Händen. Ich dachte: „Dann ist ja alles gut." Trotzdem fühlte sich irgendetwas wieder komisch an. Ich habe mit dem Heiler gesprochen, der meinte, dass sie das Potential hätte, den Körper so zu programmieren, dass er jetzt in die Heilung gehen könnte. Dass sie keine Dialyse mehr bräuchte. Step by Step würde er sie dahin führen. Sie würden gemeinsam den Grundstein dazu hier legen. Das hat er ihr klipp und klar gesagt. Dass sie wieder völlig gesund werden könne, mit unterstützenden Maßnahmen. Er würde das mit ihr beginnen und weiterhin Fernbehandlungen mit ihr vereinbaren. Da stellte meine Tochter sich hin und kreischte: „Du kannst mich mal! Das mach ich nicht. Ich glaube das nicht! Ich habe mir überlegt, ich mache eine neue Transplantation." Mir blieb die

Luft weg. Das war also der Knackpunkt! Sie hielt ihre Heilung selbst nicht für möglich. So lernte ich für mich sehr schmerzhaft eine weitere Lektion des freien Willens. Meine Tochter war erwachsen, hatte ihre eigene Meinung und traf ihre eigenen Entscheidungen. Nun musste sie auch die Konsequenzen tragen. Zu diesem Zeitpunkt hing meine Tochter schon fast ein Jahr an der Dialyse. Ich dachte, wenn sie das Spiel noch ein bisschen weiter treibt, dann ist es vorbei. Ihr Körper würde das nicht mehr lange mitmachen. Ich sagte: „Sieh zu, dass du deine Klamotten zusammenpackst, wir fahren nach Hause!" Ich bin komplett ausgeflippt. Das hätte sie mir ja auch daheim sagen können, dass sie das nicht wollte! Ich habe meine jüngere Tochter angerufen und gemeint: „Ich nicht mehr! Ich übernehme keine Verantwortung mehr für deine Schwester. Überlege du mit ihr, wo sie hinwill." Meine jüngere Tochter hat alles organisiert. Sie hat eine Unterbringung und eine Dialyse für ihre ältere Schwester in ihrer Nähe gesucht, und auch gefunden. Ein Appartement und Dialyse. Seit fünf Jahren wartet sie jetzt auf eine Niere und auf eine neue Transplantation. Da sie kein Kind mehr ist, hat sie keinen Bonus. Inzwischen sitzt sie im Rollstuhl. Sie kann nicht mehr laufen. Die Knochen sind porös und sie fällt ständig um. Alle zwei Tage ist Dialyse. Sie sitzt da, mit ihrem sonnigen Gemüt und wartet. Wenn was ist, ruft sie an, und bittet mich, ihr zu helfen. Inzwischen sage ich dann zu ihr: „Tut mir Leid, ich kann gar nichts, mein liebes Kind. Du bist erwachsen. Jetzt darfst du die Verantwortung für dich und dein Leben selbst übernehmen!"

MEIN EIGENES LEBEN

Da saß ich nun alleine in der fremden Stadt. Mit einer riesigen Wut im Bauch. Auf wen? Auf mich selbst? Auf meine Tochter? Auf das

Leben? Ich bat die geistige Welt um Hilfe und Unterstützung, diesmal für mich. Die Antwort ließ nicht lange auf sich warten: Jeder hat das Recht auf eigene Meinung und auf den freien Willen. Wenn deine Tochter ihren Weg so gehen will, dann kannst du das nur so hinnehmen. Auch wenn es sich für dich nicht richtig anfühlt. Sie braucht ihre Zeit für ihren Weg, um aus dem Leid, so wie du es empfindest, aussteigen zu können. Für sie ist es kein Leid, sie will diese Erfahrung machen. In der Krankheit ist immer jemand da, der sich um mich kümmert. So entstehen Abhängigkeiten und Machtspiele. Ich habe die Themen mit meiner Tochter angeschaut, bereinigt und geklärt. Dadurch fiel es mir leichter, sie sein zu lassen, wie sie ist und sie wieder in Liebe anzunehmen. Besinne dich jetzt auf deinen eigenen Weg. Lebe die Heilerin in Dir aus. Übe dich in Selbstliebe und Mitgefühl für dich selbst. Bisher hast du deine Heilfähigkeit für Andere eingesetzt, nutze deine Fähigkeiten nun auch für dich selbst. Und mein ganz persönlicher Weg zeigte sich. Die Dinge anzunehmen wie sie sind war schon immer ein Thema für mich. Geschenke nur für mich und ganz ohne Gegenleistung genießen, daran durfte ich mich erst noch gewöhnen. Mir wurde einmal mehr klar wie geführt und beschützt wir alle sind.

ANLEITUNG: VERGEBUNG! LÖSEN von schmerzhaften BEZIEHUNGEN, ABHÄNGIGKEITEN und SEELENVERTRÄGEN

Schmerzhafte Beziehungen aller Art löst man am besten durch Vergebung auf.

Suche dir einen Platz an dem du für eine Weile ungestört sein kannst.

Bitte um Schutz, spüre ihn. Stelle dir vor, du gehst an einen inneren

Ort, an dem du dich wohl, geborgen und beschützt fühlst.

Lade nun dein Krafttier oder einen Engel ein, dir zur Seite zu stehen.

Entzünde ein Feuer neben dir oder stelle eine Schale mit Wasser auf.

Richte dich behaglich ein, mache es dir bequem.

Halte Hof oder Audienz.

Bitte nun die Person herein, mit der du etwas klären möchtest. Begrüße sie mit Namen. Frage sie: Was kann ich für dich tun?

Schau die Person an.

Sprich: ich liebe dich

ich ehre dich

ich achte dich

ich liebe mich

ich ehre mich

ich achte mich

ich gebe Dir zurück, was dir gehört, und nehme zu mir, was mir gehört,

alle Absprachen, alle Verträge sind hiermit gelöst,

bis zum Anbeginn der Zeit und gehen zurück in den Fluss allen Seins,

ich bin frei und ich gebe frei

ich danke Dir und ich danke Mir

<u>alles 3x wiederholen</u>

Schaue an dir herab, wo sitzt dein Schmerz, deine Wut, dein Ärger?

ziehe an diesen Dingen und werfe sie in das Feuer neben dir oder in die Wasserschale,

dann sieh über deinem Kopf das reinweiß – goldgelbe Licht, das reinweiß - goldgelbe Licht durchströmt dich und heilt alle Wunden und all deinen Schmerz,

dann betrachte die Person, welche dir gegenübersteht und sage:

ich danke dir und ich danke mir, ich entlasse dich in Frieden.

Richte deinen inneren Platz wieder neutral her, bedanke dich bei deinen Helfern und Danke dir selbst.

Verlasse nun imaginär deinen inneren Raum und komm mit deiner Aufmerksamkeit wieder zurück ins Hier und Jetzt, in das Alltagsgeschehen.

Wiederhole dies so oft, wie es dir möglich ist und bis du fühlst du bist mit dir selbst in Frieden und Liebe.

Achte auf Deine Gedanken, denn sie werden Deine Worte.
Achte auf Deine Worte, denn sie werden Deine Handlungen.
Achte auf Deine Handlungen, denn sie werden Deine Gewohnheiten.
Achte auf Deine Gewohnheiten, denn sie werden Dein Charakter.
Achte auf Deinen Charakter, denn es wird Dein Schicksal.

Und es bleibet dabei – die Gedanken sind frei!

Über die Autorin

Elke Friedrich hatte schon als Kind die Gabe mit der Geistigen Welt in Kontakt zu sein, doch erst durch die Krankheit ihrer Tochter ist die Gabe wieder voll erwacht.

Nun ist sie bereit andere Menschen auf ihrem Weg zu unterstützen, wieder mit ihren göttlichen Funken in Kontakt zu kommen und ihr eigenes ICH BIN zu leben. In ihrer Praxis gibt sie Kurse und Behandlungen und Jahreskreisfeste.

www.farbenspielerin.de

Eine fundierte Ausbildung in der Schweiz bei Trudi Thali sowie die Altenpflege und Sterbebegleitung bieten die Grundlage für die Begleitung der Seelen ins Licht, zum wahren Sein.

Dies ist die erste Veröffentlichung, weitere werden folgen und sind schon im Werden.

In diesem Buch zeigt die Autorin Elke Friedrich Schritt für Schritt einen Weg auf, wie man mit Hilfe der geistigen Welt durch Verbundenheit und verantwortungsvolle Seelenkommunikation mit den Engeln schier unlösbare Probleme lösen kann; von Gesundheitsproblemen über das Finden einer passenden Wohnung bis hin zur Heilung schwieriger Beziehungsthemen.

Zeitfracht Medien GmbH
Ferdinand-Jühlke-Straße 7
99095 Erfurt, Deutschland
produktsicherheit@kolibri360.de